EL PAPA BENEDICTO XVI

OTRAS OBRAS DE STEPHEN MANSFIELD

The Faith of the American Soldier
(La fe del soldado norteamericano)

The Faith of George W. Bush (La fe de George W. Bush)

Never Give In: The Extraordinary Character of Winston Churchill
(Nunca darse por vencido:
el carácter extraordinario de Winston Churchill)

Faithful Volunteers: The History of Religion in Tennessee
(Voluntarios de fe: la historia de la religión en Tennessee)

Then Darkness Fled:
The Liberating Philosophy of Booker T. Washington
(Entonces huyó la oscuridad:
la filosofía liberadora de Booker T. Washington)

More Than Dates and Dead People:
Recovering a Christian View of History
(Algo más que fechas y muertos:
recuperando una visión cristiana de la historia)

Forgotten Founding Father:
The Heroic Legacy of George Whitefield
(Prócer olvidado: el legado heroico de George Whitefield)

EL PAPA BENEDICTO XVI

Su Vida y Su Misión

STEPHEN MANSFIELD

JEREMY P. TARCHER/PENGUIN

Miembro de Penguin Group (USA) Inc.

Nueva York

JEREMY P. TARCHER/PENGUIN
Publicado por Penguin Group

Penguin Group (USA) Inc., 375 Hudson Street, New York, New York 10014, USA •
Penguin Group (Canada), 90 Eglinton Avenue East, Suite 700, Toronto, Ontario
M4P 2Y3, Canada (división de Pearson Penguin Canada Inc.) • Penguin Books Ltd,
80 Strand, London WC2R 0RL, England • Penguin Ireland, 25 St Stephen's Green,
Dublin 2, Ireland (división de Penguin Books Ltd) • Penguin Group (Australia),
250 Camberwell Road, Camberwell, Victoria 3124, Australia • (división de
Pearson Australia Group Pty Ltd) • Penguin Books India Pvt Ltd, 11 Community
Centre, Panchsheel Park, New Delhi–110 017, India • Penguin Group (NZ), Cnr
Airborne and Rosedale Roads, Albany, Auckland 1310, New Zealand (división de
Pearson New Zealand Ltd) • Penguin Books (South Africa) (Pty) Ltd, 24 Sturdee
Avenue, Rosebank, Johannesburg 2196, South Africa

Penguin Books Ltd, Registered Offices: 80 Strand, London WC2R 0RL, England

Library of Congress Cataloging-in-Publication Data

Mansfield, Stephen, date.
El papa Benedicto XVI : su vida y su misión / Stephen Mansfield.
[Pope Benedict XVI. Spanish]
p.   cm.
1-58542-451-X
Includes bibliographical references.
1. Benedict XVI, Pope, 1927– .   2. Popes—Biography.
BX1378.6.M2618   2005   2005053890
282.092—dc22
[B]

Impreso en los Estados Unidos de América
1   3   5   7   9   10   8   6   4   2

Diseño del libro por Meighan Cavanaugh

Los libros Tarcher/Penguin se encuentran disponibles, en su mayoría, a precios especiales de descuento por cantidad en compras por mayor para ventas promocionales,
bonificaciones, recaudación de fondos y fines educativos. Libros o extractos de libros
especiales pueden crearse además para responder a pedidos específicos. Para más detalles, escribir a Penguin Group (USA) Inc. Special Markets, 375 Hudson Street, New
York, NY 10014.

Aún cuando el autor ha hecho todo los esfuerzos necesarios para dar los números te-
lefónicos y direcciones de Internet correctos al momento de su publicación, ni la editorial ni el autor asumen responsabilidad alguna por errores o por cambios que
ocurran con posterioridad a la publicación. Más aún, la editorial no tiene control alguno y no asume responsabilidad alguna por el contenido de sitios en la Web, tanto
del autor como de terceros.

Para las Hermanas del

Hospital St. Francis,

Columbus, Georgia

A menudo me pasa que despierto en la noche y empiezo a pensar sobre un problema serio y decido que tengo que contárselo al Papa. Después me despierto del todo y me acuerdo que yo soy el Papa.

PAPA JUAN XXIII

CONTENIDO

INTRODUCCIÓN

"¡Por favor, no me hagas esto!"

Corría el año 1968, y al profesor de teología de mediana edad le parecía que el mal estaba inundando el mundo. Todo el planeta parecía estar en un estado de revolución. Los soviéticos habían invadido Checoslovaquia, la guerra en Vietnam seguía su violentísimo curso y un levantamiento estudiantil en Francia amenazaba con hacer caer la Quinta República de Charles de Gaulle.

En Norteamérica, Martin Luther King Jr. y Robert Kennedy habían caído muertos a balazos y los estudiantes, enfurecidos por la política exterior de su país, ocupaban los edificios de las universidades y armaban violentas confrontaciones callejeras. Los Beatles, que oficiaban de Flautista de Hamelín para la juventud, acababan de editar un álbum llamado *Yellow Submarine* y parecían convocar a toda su generación a una vida de drogas e irracionalidad. Era una época de temor y caos para un hombre acostumbrado al pensamiento, el orden y la estructura sistémica.

Sin embargo, el profesor se mantuvo firme. Aún cuando había sido criado dentro de las ricas tradiciones del catolicismo y en la belleza idílica de Baviera en el sur de Alemania, había tenido oportunidad de luchar con el significado de la verdad cuando el nazismo tomó el poder en su país, de realizar su vocación como sacerdote, de esforzarse para ganar su doctorado en teología de la Universidad de Munich y de desempeñarse como profesor en Bonn y Münster. No era él ningún extraño a los choques de ideas. Sus estudiantes lo querían por su inusual mezcla de gentileza y feroz hambre intelectual, por la manera en que les instaba a buscar siempre la verdad, no importara dónde se escondiera ésta. De hecho ¿no fue este mismo profesor quien había oficiado de experto teólogo en el Vaticano II hacía pocos años? ¿No fue éste el mismo progresivo quien llamó a la Iglesia a abrirse y acomodarse más al mundo moderno? En realidad, fue precisamente este espíritu inquisitivo y esta voluntad de aceptar lo nuevo que atraería a verdaderas oleadas de estudiantes a las clases que él daba.

Sin embargo, las cosas estaban cambiando y, a menudo, en forma desfavorable y desconcertante. Apenas el año anterior, en 1967, el profesor había participado en los festejos del 150° aniversario de la Facultad de Teología Católica de la universidad de Tübingen, donde para ese entonces enseñaba. Lo habían celebrado en el "estilo antiguo," con liturgia, en latín, y con la pompa propia de tal ocasión. Se trataba de un momento glorioso y al profesor no pareció importarle demasiado que bajo el fulgor de los festejos se escondieran tensiones entre los académicos en lo concerniente a la naturaleza fundamental de la verdad y lo que esto significaba para la teología. Abundaban las discusiones sobre las ideas de filósofos existencialistas tales como Rudolph Bultmann y Martin Heidegger, quienes se cuestionaban si toda verdad no era relativa. A pesar que el profesor creía en que el pensamiento de dichos hombres servía para drenar a la teología cristiana de su contenido histórico, aún así comprendió que tales ideas neuvas debían ser consideradas dentro del contexto del debate intelectual. De manera tal que, habiendo disfrutado de los festejos del aniversario, se preparó con fruición para el resonar de las trompetas del combate teológico.

No pasaría mucho tiempo, sin embargo, antes que el existencialismo diera lugar a una fuerza más sombría en el campo universitario de Tübingen: el Marxismo. Como escribiría más tarde el profesor: "La revolución marxista encendió a la universidad en pleno con su fervor, estremeciéndola hasta sus bases mismas."[1] De acuerdo a la visión marxista, la fe es, con frecuencia, derrotada por el ateísmo, la Iglesia es reemplazada por el Estado, la sociedad por el partido político, y el hombre en cuanto a espíritu, es reemplazado por el hombre como unidad económica. Cuando muchos de los estudiantes de Tübingen plegaron a dicha religión secular rechazando al antiguo orden, la universidad se convirtió en un "frente de batalla."[2]

"Fue horrible," recordaría más tarde el decano de la facultad de teología católica. "En la universidad reinaba el caos. A los profesores los alumnos no los dejaban hablar, usando lenguaje insultante, comportándose en forma primitiva y agresiva . . ."[3]

Fue un golpe para el alma del profesor. En una ocasión, los alumnos invadieron una reunión del senado de los profesores y tomaron control sobre la misma. En otra ocasión, una discusión en un aula terminó en una batalla campal donde volaban los muebles. Bullían en los claustros la furia y la rebelión. Muchos de los jóvenes a los que el profesor había llegado a tomarles cariño se convertían en radicales de pelo largo y apariencia descuidada, insultantes, arrogantes y amenazadores. Fue una época triste y temible.

Sin embargo, el profesor estaba entrenado para mirar más allá de lo inmediato, hacia el significado de las ideas a largo término. Al hacerlo, se acrecentó más aún su preocupación por lo que estaba aconteciendo en Tübingen. Al comienzo, había esperado que los miembros de la facultad de teología obraran con prudencia, había albergado la esperanza de que los hombres de Dios que enseñaban la verdad "se erigieran en muro de contención contra la tentación marxista." Eso no pudo ser. "Lo que se dio fue el caso contrario: se convirtieron en su verdadero centro ide-ológico."

Al profesor le resultaba penoso de ver, al tiempo que le hacía temer por el futuro de la fe. Temía asimismo por lo que estaba sucediendo con la teología. Estos nuevos radi-cales mantenían el lenguaje bíblico pero conferían a las palabras un significado político nuevo. Ahora "pecado" significaba con frecuencia "opresión," "redención" signifi-caba "revolución," y "rectitud" significaba "justicia social," así definida por la ideología marxista.

El profesor comprendió que si se altera el lenguaje cris-tiano, se pierde el significado cristiano, y por último se pierde a Dios en el proceso.[4]

Lo cual, sentía el profesor, terminaría significando que, "el partido ocupa el lugar de Dios." Ahora enten-día: no era el Marxismo una nueva ideología a través de la cual se interpretaba al Cristianismo; el Marxismo era el reemplazo del Cristianismo—una tenebrosa, siniestra y secular adaptación de la mismísima verdad de Dios. Como escribiera más tarde el profesor, "Yo he visto al descubierto el temible rostro de esta devoción atea, su terror psicológico, con qué abandono se tiraba por la borda toda consideración moral tachándosela de residuo burgués cuando se trataba de alcanzar las metas ideológicas."[5]

Esos meses de revueltas marxistas resultaron una tortura para el profesor. Los docentes dejaron de hablarse entre ellos. Aquellos estudiantes a los que el profesor había aconsejado mientras tomaban un café ahora lo veían como reliquia de un anticuado sistema de opresión. Y peor aún, la fe que él tanto apreciaba estaba siendo ahora pisoteada por aquellos mismos alumnos que él hubiera deseado fueran sus baluartes.

Desesperado, el profesor se unió a otros cristianos de la misma opinión para construir alianzas que traspasaban las fronteras denominacionales. Se trataba de protestantes, la mayoría de ellos luteranos, que manifestaron su voluntad de resistir junto con sus amigos católicos, contra la marea marxista. En ese momento resultaban frívolas las disputas teológicas entre cristianos creyentes. El profesor reconoció que los seguidores anti-marxistas de Jesús estaban en iguales circunstancias, que sus diferencias "eran realmente pequeñas frente al desafío que se nos imponía, lo cual nos colocó en posición de tener que, juntos, dar testimonio de nuestra fe en común en un Dios vivo y en Cristo, el Verbo encarnado."[6]

Así fue que se unieron para dar testimonio de su fe y, con el tiempo, pasó la crisis. Pero el profesor nunca olvidó. Siempre recordaría esa época en Tübingen: cuán rápidamente cristianos declarados adoptaban el pensamiento mundano, cuán poderosas pueden llegar a ser las ideas y cómo resulta el caos cuando se socavan los cimientos de la fe. Quedaría por siempre obsesionado por la visión de estudiantes furiosos que, en su ansia de alcanzar modas ideológicas pasajeras de esta época, no titubean en dar por tierra la fe por siglos comprobada.

No, nunca lo olvidaría. Ni cuando se fue de Tübingen para ser profesor en Regensburgo. Ni cuando fue nombrado cardenal ni cuando fue nombrado arzobispo de Munich. Ni tampoco lo olvidó cuando fue nombrado por el Papa Juan Pablo II para dirigir la Congregación para la Doctrina de la Fe (CDF), donde su función sería la de asegurar la pureza de las enseñanzas de la Iglesia para constituirse, en efecto, en el guardaespaldas terreno de la verdad de Dios. Y no fue olvidado el 19 de abril de 2005, cuando este profesor, cuyo nombre era Joseph Ratzinger, se convirtió en Benedicto XVI, el 265° pontífice de la Iglesia Católica Romana.

Sería supuestamente el Gran Inquisidor de una nueva generación, el Torquemada de nuestros tiempos: un hombre que perseguiría a los herejes, aplastaría a la rebelión, y devastaría vidas todo en el nombre de Jesucristo. Sus detractores lo llegaron a llamar "el Ejecutor," "El Rottweiler de Dios," y hasta "el Cardenal Panzer," en alusión despectiva a su fugaz paso por la Juventud Hitleriana y a sus supuestas tácticas similares a las de un tanque. Se referiría a su Congregación para la Doctrina de la Fe como "la Gestapo de Dios" y la "Oficina Central de la Policía del Pensamiento."

Cuando fue nombrado Papa, los católicos conservadores se regocijaron pero aquéllos que lo despreciaban como "cazador de herejías" soltaron un terrible alarido de angustia. Un sacerdote disgustado hizo la promesa, a través de una cadena de televisión, de organizar una plegaria para que Benedicto XVI tuviera un corto reinado. El más importante diario italiano, el *Corriere della Sera,* publicó una caricatura en alusión a la ya famosa presentación de Juan Pablo como Papa desde el balcón de la Basílica de San Pedro en octubre de 1978. "No sé si me pueda expresar en vuestro—en nuestro—idioma italiano. Si cometo errores," agregó con una sonrisa ganadora, "vosotros me corregiréis." La caricatura mostraba a Benedicto en el mismo balcón mirando hacia las multitudes y avisándoles que, "Y si cometo un error, ¡pobre de vosotros si me corregís!"

Otros periódicos repitieron la historia en sus titulares. El diario holandés *Algemeen Dagblad* publicó como titular de primera página "De Juventud Hitleriana a la Santa Sede." *La Repubblica* de Italia proclamaba a Benedicto "Guerrero en Desafío de la Modernidad." El francés de izquierda *Libération* intituló su editorial sobre el nuevo Papa "Intransigencia." Mientras que una nota de la Associated Press que circulaba por Internet llevaba el vergonzoso título de "Se Elige Papa Nazi."

Las cadenas de noticias norteamericanas recordaban a los televidentes que había sido Joseph Ratzinger quien expresara el juicio que muchos tomaron como condena al catolicismo liberal del candidato presidencial John Kerry. En junio del 2004, la Congregación para la Doctrina de la Fe, bajo la dirección de Ratzinger, emitió una carta describiendo al aborto como "pecado grave" e insistiendo en que se debería negar el sacramento de la Sagrada Eucaristía en "el caso en que un político católico proclame y vote por las leyes permisivas del aborto y la eutanasia."[7] Una mayoría de votantes católicos se volcaron hacia el oponente de Kerry, George W. Bush, mientras que muchos de los detractores de Ratzinger expresaron su resentimiento por la intromisión del Vaticano en la política norteamericana.[8] El hecho de que el instigador de tal intromisión fuera ahora Papa sólo servía para aumentar su ira.

Resultaba claro que muchos veían a Joseph Ratzinger como el arquetipo de burócrata religioso de corazón duro, un sabueso del pecado. Y el Papa era ahora él.

Sin embargo, a medida que corría el tiempo después de su elección, y una vez que sus defensores tuvieron acceso a los medios, comenzó a surgir una nueva imagen del hombre que se había convertido en Benedicto XVI. Resultaba que Joseph Ratzinger era, de acuerdo a la mayoría de los testimonios, un hombre de trato amable, mente ágil y alma profunda. Hasta tenía sentido del humor, así como lo había tenido Juan Pablo antes que él, como cuando una vez le dijo (este último) a un físicoculturista italiano: "Si no estuviera yo vestido con este hábito, le podría ganar a usted."

La sencillez de Ratzinger era legendaria en Roma. Durante veintitrés años todas las mañanas partía a pie desde su departamento sobre la Piazza della Città Leonina, arriba de la última parada del ómnibus 64, vestido con su sencilla sotana y confundiéndose fácilmente entre las multitudes de sacerdotes que trajinaban por las calles de la Ciudad del Vaticano. De camino, sorteando carros llenos de souvenirs del Vaticano, con frecuencia lo paraban los turistas para preguntarle alguna dirección, sin tener idea de quién era él. Su excelente manejo de los idiomas le resultaba de gran ayuda para mostrarle con gentileza a algún francés de visita en la ciudad cómo llegar a la Sala Stampa o para explicarle a alguna familia norteamericana cuándo sería la próxima aparición del Papa en público. Llegaba, finalmente, a la CDF en la Piazza del Sant'Uffizio a las nueve en punto de la mañana y se ponía a trabajar en su oficina bien ordenada aunque de apariencia insípida. No daba la impresión de ser el tipo de lugar donde fuera a llevar a cabo su tarea un torturador de herejes.

A decir verdad, el mundo pronto supo que él había rezado para que no tuviera que ser Papa. Como buen estudioso, había albergado la esperanza de retornar a su vida académica una vez fallecido Juan Pablo II y automáticamente finalizadas sus funciones al servicio de la CDF. Pero eso no pasaría. Nada se tardaron los cardenales del conciliábulo para fijar su mira en Ratzinger y cuando éste se dio debida cuenta de lo que podría suceder, que podría ser elegido Papa, le rogó silenciosamente a su Dios: "Por favor, no me hagas esto." Más tarde les contaría a unos peregrinos alemanes: "Evidentemente, esta vez Él no me escuchó."[9]

El mundo supo, asimismo, que el día en que fue elegido Papa Benedicto, éste invitó a los cardenales del conciliábulo a cenar en su mesa. El menú era sopa, *cordon bleu* de ternera y de postre, helado. Los jefes máximos de los mil cien millones de católicos del mundo brindaron por el nuevo Papa con copas de Asti Spumante. Resultó ser que lo del helado y el Asti Spumante había sido idea del Papa Benedicto. Gestos humanos como estos ya hacía mucho que le habían granjeado a este hombre el cariño de los creyentes. Hasta había un Club de Fans del Cardenal Ratzinger en cuyo sitio en la Web salían a la venta artículos con la leyenda "Golpeando duro a la herejía desde 1981."

Tampoco pasó desapercibido el hecho de que la elección de Ratzinger como Papa había sido recibida con alborozo por muchos de afuera de la religión católica romana. Charles Colson, perteneciente al mayor grupo protestante en Estados Unidos, los Bautistas del Sur, declararía que "los cristianos creyentes deberían estar de parabienes" por la elección del nuevo Papa. Así como Colson, otros no-católicos tan diversos como T. D. Jakes y el Arzobispo de Canterbury, celebraron la oposición de Ratzinger a la "cultura de la muerte" en el mundo y su enfoque en el sacrificio de Jesús como la solución para la humanidad. No fue esta la clase de respuesta que muchos católicos esperaban de sus hermanos protestantes, especialmente de denominaciones que en algún momento en su propia historia habían sido de la opinión que el papado era el trono del Anticristo.

Expresó asimismo su opinión uno de los colegas de Ratzinger de Tübingen, el profesor Max Seckler, quien le dijo al *New York Times* que la teología y las tácticas de la CDF no habían reflejado, necesariamente, el punto de vista personal del hombre que era ahora Papa. Al recordar de Seckler: "Una vez, unos diez años atrás, cuando lo estaba visitando [a Ratzinger] en Roma, me dijo: 'Yo tengo mi sentido personal de la libertad, mi simpatía por la libertad. Me la tengo que guardar para mí. Tengo que obedecer al Papa [Juan Pablo II]. El Papa me dijo que mi mayor obligación es no tener mis propias opiniones.' "[10]

Es claro que, si Ratzinger no es la caricatura del Gran Inquisidor—el clérigo de alma sombría que les saca a la fuerza la confesión a sus víctimas en el potro de tormento—y si sus más de veinte años en la CDF no demuestran necesariamente sus ideas personales, entonces queda todavía por verse la cuestión de quién es realmente él y cómo va a llevar las riendas como Papa. ¿Hará que su tarea principal sea la de perseguir disidentes o buscará evangelizar a Europa y salvar las rupturas con otras creencias cristianas, así como él lo ha dicho? ¿Se convertirá en el pastor y poeta que fuera su predecesor, o asumirá la conducta de "teólogo en jefe," como temen algunos? ¿Fue elegido por los cardenales por ser conservador, sencillo y anciano—asegurándose así de un papado que resulte corto y sin altibajos pero, a la vez, que transfiera la atención general del papado al episcopado, a los cardenales y obispos, de una forma que resultó imposible de lograr durante el reinado de "Juan Pablo Superstar?" ¿O hay acaso algo especial en este hombre, algo que saben los cardenales electores y que pronto sabrá el mundo de afuera del Vaticano?

En un papado que todavía está naciendo, podemos dar con el principio de nuestras respuestas—así como con nuevas preguntas que vienen con ellas—volviendo nuestra mirada hacia atrás en el transcurso de la vida de Joseph Ratzinger. Su historia, sus palabras, sus creencias, así como la naturaleza de sus compañeros más cercanos conforman la clave más confiable para comprender quién es este hombre y cómo liderará durante el tiempo que su Dios le confiera. No es esta una cuestión sin importancia. El reinado del Papa Benedicto se inicia en una época cuando su Iglesia se ve enfrentada a enormes desafíos y divisiones, cuando la fe religiosa de toda clase fluye hacia influencias nuevas y cuando, gracias a su antecesor, sus seguidores esperarán de él que sea un conductor activista más que un cuidador, más que un mero custodio del museo de Juan Pablo II. De manera que el presente libro, intento de primer borrador de historia, consiste en el esfuerzo de discernir cuál será la respuesta del Papa Benedicto a la pregunta que todos los Papas han debido responder desde cuando el Apóstol Pedro intentara escapar de la persecución alejándose de Roma y al que se le espetó la pregunta de su Señor: *"¿Quo vadis?"*— "¿Hacia dónde vas?"

UNO

Baviera:

Años de Culto y Guerra

Su nombre era Bonifacio y la historia lo conoce como el Apóstol de Alemania. Aún cuando vivió unos mil doscientos años antes que Joseph Ratzinger, es un elemento vital en la vida del hombre que se convertiría en el primer Papa a ser elegido en el siglo veintiuno. Fue él el espíritu pionero que plantó la semilla de la fe cristiana en Alemania así como plantó tan profundamente las tradiciones de la Iglesia en el suelo espiritualmente fértil de Baviera. Las leyendas que inspiraron sus hazañas brindaron al mundo muchas de las tradiciones que van ahora asociadas a la Navidad: el árbol de Navidad, el Tronco

Navideño, la Corona de Adviento. Tan reverenciada fue su memoria que hasta el reformista protestante Martín Lutero conservó el símbolo del árbol de Navidad en honor a la "conquista de Alemania para Cristo" que llevara a cabo ese gran hombre.

Es por una razón más profunda aún que resulta esencial el recuerdo de Bonifacio para la historia de Joseph Ratzinger. De niño, Joseph creció en los alrededores de una iglesia que había sido establecida inicialmente por el trabajo evangélico de Bonifacio. Las leyendas sobre este gran hombre deben haber llenado su joven imaginación, dando cauce a sus sueños infantiles de la misma forma en que los héroes que todo niño tiene definen lo que éste algún día desea ser. Es más que probable que el ejemplo del Apóstol de los alemanes haya inspirado a Ratzinger a colocarse al servicio de su nación y de su iglesia. Por lo cual no sorprende que Ratzinger mencione a Bonifacio en el primer párrafo mismo de *Mi Vida,* la autobiografía que publicara en 1998, reconociendo que su héroe "le había dado a lo que constituía entonces la Baviera su estructura eclesiástica."

Aquél que más que cualquier otro cristianizara las tierras germánicas de la antigüedad pasó en realidad los primeros cuarenta años de su vida en silencioso servicio a la iglesia cercana a su hogar natal en Exeter, Inglaterra. Hizo apostolado con jóvenes conversos, cuidó de los enfermos y brindó alivio a los pobres. Era asimismo un talentoso erudito, versado en la interpretación de la doctrina bíblica en un pequeño centro de teología, al tiempo que se ocupaba en compilar lo que sería la primera gramática latina de Inglaterra. Sin embargo, en el año 718 Bonifacio dejó el confort y la seguridad de esa vida para convertirse en misionero dentro de las salvajes tribus teutónicas de Alemania.

Por doquier que iba, rodeado de los feroces escandinavos que se habían establecido a lo largo de la costa dinamarquesa y alemana, se veía forzado a enfrentar al terrible fantasma de sus brutales prácticas paganas, entre las que se incluían la mutilación de seres humanos y el sacrificio de vírgenes. Cuando llegó a la región de Hesse, Bonifacio tomó la determinación de asestar un golpe de gracia en la raíz misma de tales supersticiones. Anunció públicamente que destruiría sus dioses. Luego marchó hacia su gran bosque sagrado. La multitud atónita en Geismar le siguió los pasos y luego vio cómo tiraba abajo el Roble sagrado de Thor, antiguo objeto de adoración pagana que se levantaba en lo alto del pico del Monte Gudenberg en las cercanías de Fritzlar. Los paganos, que habían esperado justicia immediata contra sacrilegio tal, se vieron forzados a reconocer la impotencia de sus dioses para proteger sus propios santuarios. Juntos, profesaron su fe en Cristo.

Al poco tiempo, un joven muchacho que había oído de la temeridad de Bonifacio llegó corriendo a su campamento. Sin aliento, contó de un sacrificio que estaba por realizarse esa misma noche. A la carrera por bosques nevados y terrenos escarpados, Bonifacio y el muchachito llegaron a la arboleda sagrada justo a tiempo para ver al sacerdote druida levantando el cuchillo en el aire crepuscular. Pero cuando el filo se precipitaba en rápido descenso Bonifacio se lanzó a la horripilante escena. No llevaba nada más en sus manos que una pequeña cruz de madera. Abalanzándose hacia delante, llegó hacia la niña justo a tiempo para ver cómo el filo del cuchillo traspasaba la cruz, salvando así su joven vida.

El sacerdote druida cayó de espaldas. Los devotos quedaron atónitos. Se hizo un instante de silencio total. Y Bonifacio lo aprovechó. Ahí mismo y en ese mismo momento proclamó los Evangelios declarando que el sacrificio final ya había sido realizado por Cristo sobre la cruz del Gólgota—no había necesidad de ningún otro.

Cautivada por lo extraño de la escena que tenía delante, la gente allí reunida escuchó atentamente sus palabras. Luego de explicarles la cláusula de 'una vez por todas' contenida en los Evangelios, se dirigió a la arboleda sagrada. Empuñando el cuchillo sacrificatorio, comenzó a cortar ramas que colgaban bajas. Repartiéndolas en círculo, le dijo a cada una de las familias que se llevara las ramitas de abeto a su hogar como un recordatorio del acto de finalidad realizado por Cristo en el árbol del Calvario. Debían adornar sus fogones con las muestras de Su gracia. Hasta podían cortar grandes troncos de la arboleda como combustible para sus hogares, según su sugerencia—no tanto por proclamar la destrucción de sus prácticas paganas como para conmemorar el hecho de la venida de Cristo. Debían meditar sobre estas cosas durante el curso de las cuatro semanas siguientes, hasta la gran celebración de la Navidad.

Acciones tales servirían de inspiración a un buen número de tradiciones de Adviento. La corona de Adviento—guirnalda de abeto engarzada con cinco velas, una por cada domingo de Adviento y una por el día de Navidad—se estableció rápidamente como una manera de revivir la lección evangélica de Bonifacio. Además, el árbol de Navidad, decorado con velas y oropel, cordeles de luces y guirnaldas bajo las cumbreras y bordeando las repisas de las chimeneas y el tronco navideño chisporroteando en la chimenea fueron recordatorios favoritos del mensaje esencial de las Fiestas.

Con el tiempo, Bonifacio fundaría algunas prósperas parroquias. Terminaría asimismo por convertirse en consejero y sostén de los Carolingios, reformando la Iglesia de los Francos, que había saqueado Carlos Martel hacía sólo unos pocos años. Finalmente, obró su apostolado con Pepino El Breve, padre de Carlomagno. Más tarde, cuando ya pasaba los setenta, Bonifacio renunciaría a sus responsabilidades pastorales para pasar los últimos años de su vida trabajando entre los feroces frisios. Con un pequeño grupo por compañía, logró con éxito llegar a gran número de gente en regiones antes no evangelizadas en el noreste de los territorios germánicos.

Previo al Pentecostés, se aprestaba Bonifacio con Eoban, su ayudante, para el bautismo de algunos de los nuevos conversos en Dokkum, sobre la frontera de los Países Bajos. Bonifacio había estado leyendo tranquilamente en su tienda de campaña mientras esperaba la llegada de sus nuevos conversos cuando una banda de guerreros paganos hostiles invadió el campamento. No permitiría él que sus compañeros lo defendieran. Cuando los estaba exhortando a confiar en Dios y aceptar la idea de morir por la fe, fueron atacados—siendo Bonifacio uno de los primeros en caer.

Aunque su voz se apagara ese día, su testimonio se hizo, empero, cada vez más fuerte, más seguro y más intrépido. Y es así como, al día de hoy, se mantiene su mensaje y su leyenda—tanto en las tradiciones de Adviento como en la vida y obra de su hijo espiritual de reciente data, Joseph Ratzinger. Al igual que Bonifacio, Ratzinger dejó atrás la vida escolástica para diseminar el mensaje de su Iglesia. Al igual que Bonifacio, ha prestado servicio como arzobispo en Alemania. Y, al igual que su héroe, busca ahora recuperar a Europa del resurgimiento de las mismas creencias paganas que combatiera Bonifacio en su propia época.

Joseph Ratzinger nació de una manera que presagiaba mucho de lo que le devendría. Llegó al mundo a las 4:15 de la madrugada el día anterior a las Pascuas, el Sábado Santo, siendo los nombres de sus padres Joseph y Mary (el equivalente de José y María). Era el 16 de abril de 1927, un día tan frío que a ninguno de sus hermanos mayores, ni a Georg ni a Mary, les fue permitido asistir a su bautismo por temor que se resfriaran. Fue esta ausencia algo de lo que se arrepentirían toda su vida. El niño Joseph fue bautizado con agua recién bendita para la celebración de Pascuas, hecho que aumentó en significado simbólico a lo largo de su vida.

Como más tarde escribiera él en su autobiografía:

Ser la primera persona bautizada con el agua nueva era visto como acto significativo de la Providencia. Me he sentido siempre pleno de gratitud por haber tenido mi vida inmersa de tal manera en el misterio de las Pascuas, dado que tal cosa sólo podía ser una señal de bendición. En realidad no era el Domingo de Pascuas sino Sábado

Santo, pero, cuanto más reflexiono sobre ello, más me parece que está de acuerdo con la naturaleza de nuestra vida humana: continuamos esperando las Pascuas, no nos hallamos todavía en la luz plena sino caminando hacia ella, plenos de confianza.

Cuando él nació, su familia vivía en un pequeño pueblo de Baviera llamado Marktl am Inn, en una fértil región de ríos nutridos por las nieves de la montaña, de gigantescos bosques de misterio y de lagos de montaña de estratégica hermosura. En el paisaje que recordaría más tarde, haría hincapié en una réplica del Palacio de Versalles de Luis XIV y de un santuario a María en Altotting los que atraían multitudes de peregrinos. Aunque su familia se mudó para cuando él cumplía dos años y volvería a mudarse tres veces más durante su juventud, el sensual paisaje de Baviera lo seguiría dondequiera que fuera, para la plenitud tanto de sus sentidos como de su recuerdo, toda su vida.

En un ensayo escrito en 1981 en ocasión de la Fiesta de Corpus Cristi, Ratzinger exaltaba la suave fusión de religión, naturaleza y costumbres pueblerinas que ofició de trasfondo a su infancia:

Siento todavía el perfume de esas alfombras de flores y la
frescura de los abedules; es como si viera las casas deco-
radas, las banderas, los cantos; como si todavía oyera a la
banda del pueblo que, en realidad, a veces se atrevía a
más de lo que podía. Recuerdo la alegría de vivir de los
muchachos del lugar, disparando sus armas en saludo—
que era su manera de recibir a Cristo como un jefe de estado, *el* Jefe de Estado, el Señor del mundo, presente en
sus calles y en su pueblo. En este día la gente celebraba
la presencia perpetua de Cristo como si ésta fuera una visita de estado en la cual ni siquiera el pueblito más chico
quedaba olvidado.[1]

La rama del catolicismo bávaro, profundamente de-
vota, que conociera Ratzinger en su juventud, sacó a la liturgia de la iglesia y la incorporó a la vida de la gente.
Durante las fiestas religiosas, la vida del pueblo se hacía liturgia. Había símbolos y rituales así como procesiones,
todos destinados a celebrar y a recibir al Cristo resucitado.
Este sentido de la comunidad sagrada nunca abandonaría
a Ratzinger, formando la visión definitoria de su vida: la
gente de Dios dentro de un marco de belleza, represen-
tando físicamente los rituales de la fe en sus hogares y al-

deas. Es un tema que surge continuamente en sus escritos y en sus prédicas. Cuando se presentó su biografía al pueblo de habla alemana en una conferencia de prensa realizada en un monasterio bávaro, el hombre que lo presentó al Cardenal Ratzinger dijo: "Usted siempre ha dejado en claro que el cielo y la tierra se unen de manera especial en Baviera."

Es probable que Ratzinger apreciara tanto la fe y la vida de pueblo en su juventud porque el mundo de afuera era tan temible. Cuando él nació Alemania todavía sufría las secuelas de la Primera Guerra Mundial. Aunque las causas de la guerra obedecían a la trágica combinación de una maraña de alianzas y a un nacionalismo exacerbado, la culpa recayó sólo en Alemania durante la conferencia de paz que finalmente diera término al conflicto. Forzada a pagar reparación de guerra, Alemania se hundió en el desastre económico. Con un desempleo desenfrenado, los precios de los alimentos por las nubes, y la moneda perdiendo todo su valor. Es así que, impulsado por la amargura de la nación por estas condiciones, accedería al poder un maltrazado pintor de paredes austríaco llamado Adolfo Hitler.

Sin embargo, el mundo del joven Ratzinger continuaría siendo su refugio de tales males por un tiempo más. Sus padres eran profundamente religiosos y se aseguraron que su hogar estuviera lleno de símbolos de fe, con himnos y devoción en familia. Como el padre era policía con frecuencia la familia vivía arriba de la comisaría, frente a la plaza del pueblo. En ciertos aspectos, su infancia parece ser casi idílica. Con un amor a la lectura infundido por sus padres pasaba el niño la mayor parte del día sentado bajo la sombra de un árbol, absorto en la literatura. Su creciente pasión por la música había surgido naturalmente de la rica cultura musical de Baviera así como del amor de su propia familia por el canto. Pasaba horas tocando en el piano piezas de Beethoven y Brahms, aunque su musa fue Mozart. Diría más tarde en su vida que la música de Mozart: "es tan luminosa y al mismo tiempo tan profunda. Contiene ella toda la tragedia de la existencia humana."

Era [Joseph] un niño estudioso al que no le iba bien en los deportes. Disfrutaba, sin embargo, de largas caminatas por las montañas del lugar, a menudo en compañia de su madre, deleitándose en jugar con los otros niños en la ribera de los ríos o en los riscos montañosos. Infaliblemente,

la tierra lo llamaba y parece haber de algún modo nutrido su alma. Al escribir sobre una caminata hecha en
pos de una capilla en el bosque, con su madre, Ratzinger
recordaría: "Los tres hermanos hacíamos con frecuencia
un pequeño peregrinaje con nuestra querida madre a este
lugar y dejábamos que la paz que nos rodeaba obrara su
efecto sobre nosotros." En otra ocasión, recordando el
pueblito y el paisaje de uno de los hogares de su infancia,
escribiría que Tittmoning "es todavía la tierra de mis
sueños de infancia."

De todas sus influencias primeras, sin embargo, fue
particularmente la Iglesia y los dramas religiosos de la
cultura bávara los que más lo ayudó a formarse. Como
niño sensible e inteligente, tuvieron sobre él un profundo efecto las grandes liturgias que conferían su ritmo
al tiempo. Cuando se celebraba la liturgia de los ángeles
en la iglesia oscura a la sola luz de las velas, el corazón
del joven Joseph lograría captar para siempre la imagen
visual y el sentido del misterio sagrado que permeaban
el acontecimiento. Cuando la lobreguez del invierno se
quebraba al dejar atrás la noche helada para entrar a
una cálida iglesia brillantemente adornada para la

Navidad, dejaría esto su dulce impresión para siempre. Y, cuando en la mañana de Pascuas de repente se abrían las ennegrecidas ventanas de la iglesia para dejar entrar la luz brillante del día mientras el pastor cantaba "¡Cristo ha resucitado!"—Joseph lo comprendió. Estas imágenes se convertirían en pilares dentro de su templo interior para la fe.

Lo que es más, obrarían de marco a su visión del mundo. Más tarde escribiría en su autobiografía:

No podría yo soñar con nada más hermoso. Era una aventura apasionante la de entrar gradualmente en el misterioso mundo de la liturgia, la que se estaba desarrollando delante nuestro y para nosotros allí sobre el altar. Cada vez me resultaba más claro que ahí era donde me estaba encontrando yo con una realidad a la que nadie había simplemente inventado, una realidad que no había creado ninguna autoridad oficial ni ningún individuo importante. Conllevaba ello el peso entero de la historia dentro de él mientras que, al mismo tiempo, resultaba ser mucho más que el producto de la historia humana.

Bien pudo haber sido esta misma inspiración a través de la liturgia la que lo preparó al joven Joseph para el momento en que se decidiera a hacerse sacerdote. Un dia pleno de sol de la primavera de 1932, cuando Joseph tenía cinco años, llegó a la plaza del pueblo, raudamente, una limusina negra. Adentro iba Michael el Cardenal von Faulhaber, arzobispo de Munich, quien se encontraba de visita por los más lejanos confines de su arquidiócesis. "Resplandeciente en sus mantos principescos," el arzobispo bajó del auto para ser saludado por los niños deslumbrados. Entre ellos estaba Joseph, quien quedó cautivado por el espectáculo.

Como recordaría luego Georg, su hermano mayor: "Llegó a casa y esa noche le dijo a nuestro padre 'Yo quiero ser cardenal.' No era tanto por lo del auto, dado que nosotros no éramos muy técnicos. Era la manera en que se veía el cardenal, su prestancia y la vestimenta que llevaba puesta, lo que le causó tanta impresión."[2] A pesar de lo improbable que esto parezca, a partir de ese entonces, la vida del joven Joseph nunca flaqueó, ni por un momento, en su sueño del sacerdocio.

Tan importante quizá como la impresión del cardenal

sobre la mente del joven niño es el hecho que esto tuviera lugar en 1932. Ya para ese año, los Nacionalsocialistas de Adolfo Hitler constituían el partido más grande del Reichstag alemán, con 230 escaños. Para fines de enero del año siguiente, el envejecido Presidente Hindenburg lo nombraría a Hitler canciller del Reich. Había comenzado el tiempo del dolor.

Cuando las nuevas generaciones se ven tentadas a creer que todos los alemanes se creyeron las mentiras de los nazis y que los católicos fueron los peores de todos, deberían recordar a hombres como Joseph Ratzinger padre. A pesar de ser policía, funcionario menor del gobierno, que bien habría podido quedarse callado para proteger su puesto, en lugar de ello se expresaba públicamente en las reuniones municipales contra la violencia y el ateísmo del movimiento hitleriano. "Nuestro padre fue un enemigo acérrimo del nazismo," recordaría Georg Ratzinger, "porque él pensaba que éste entraba en conflicto con nuestra fe. Fue ése el ejemplo que nos dio a nosotros."

La valentía de Ratzinger padre no conocía límites. Se ponía a hablar con todo aquél que quisiera escuchar sobre la maldad de Adolfo Hitler y sus Camisas Pardas y no titubeaba en enfrentarse con los oficiales nazis sobre lo equivocado de su accionar. Encendía su pasión su fe y su opinión de que el ateísmo nazi conformaba una verdadera amenaza contra las vidas de profunda religiosidad del pueblo alemán, particularmente el pueblo bávaro. "Mi padre," recordaría más tarde Joseph, el menor de los Ratzinger, "vislumbró con precisa clarividencia que la victoria de Hitler no comportaría una igual victoria para Alemania sino, por el contrario, la victoria del Anticristo que, con toda seguridad, daría entrada a tiempos de Apocalipsis para todos los creyentes en general y no para ellos solamente."

Muy a pesar de su visión profética, sin embargo, el padre de Joseph se vio obligado a mirar en silencio mientras sus hijos eran arrastrados dentro de la órbita nazi. Un día el Presidente Hindenburg nombró a Hitler canciller de Alemania, y los dos hijos mayores de Ratzinger se vieron forzados a marchar por la aldea bajo una lluvia torrencial como parte de los desfiles celebratorios. Aquellos de la aldea que habían sido agentes secretos nazis ahora, abiertamente, se pusieron sus uniformes marrones inspirando el terror entre sus vecinos. Los hijos de Ratzinger tuvieron que incorporarse a la Juventud Hitleriana [los varones] y la otra a la Liga de Niñas Alemanas. Aunque la obligación se extendía para todo joven ario fuerte y sano, igual resultó un golpe para el espíritu de la familia Ratzinger. A los padres se los presionó para que delataran a los sacerdotes que se consideraban "enemigos del Reich." Como declararía más tarde Joseph, el más joven, con orgullo: "Sobra decir que mi padre no quiso nada que ver en esto. Por lo contrario, se dedicaría a alertar y a ayudar a aquellos sacerdotes que él sabía corrían peligro."

Más allá de tales formas de indoctrinamiento, el surgimiento del nazismo en Alemania en los años 1930 conllevó pocos cambios inmediatos a la vida de los Ratzinger o a la de su aldea, dado que, los años siguientes las cosas siguieron más o menos en el mismo curso en que se desarrollaban previo a la ascensión de Hitler. Los pocos intentos que se hicieran para captar a los lugareños adultos dentro de la ideología protoreligiosa del Reich tendían a fracasar miserablemente. En una ocasión, un maestro de escuela entusiasmado con la ideología nazi construyó un mástil con la intención de restaurar la religión pagana germánica y para la gradual expulsión del cristianismo. Los aldeanos parecieron, sin embargo, más interesados en las salchichas que colgaban del mástil que en cambio alguno en sus tradiciones cristianas.

Fue para esta época que los Ratzinger se mudaron a las afueras de una ciudad llamada Traunstein, donde Joseph, de diez años de edad, comenzó a asistir a una "escuela humanista", algo así como un colegio pre-secundario de avanzada para el estudio de las lenguas clásicas. Sería ésta una época de despertar intelectual para el joven. Joseph continuaría así dando prueba de lo que ya había revelado su enseñanza previa: era brillante, particularmente en el estudio del griego y del latín. De hecho, parecen haber sido estos mismos estudios de las lenguas antiguas lo que lo salvaron y lo que podría servir de explicación a su empeño, siendo él ya mayor, y cuando ya hacía tiempo que el Vaticano II había desterrado al latín como lengua oficial de la misa católica de que, por lo menos algo de la misa, debía oficiarse en latín. "En retrospectiva," escribiría más tarde, "a mí me parece que la educación en la antigüedad griega y latina crearon en mí una actitud mental que resistía toda seducción por parte de ideologías totalitarias." Joseph descubriría lo que muchos a través de la historia ya habían descubierto: que la mente educada obra de un muro de contención contra toda forma de tiranía humana.

El estudio de las lenguas clásicas no sólo resultó beneficioso para resistir al nazismo sino que algunos de los maestros de Joseph, católicos devotos, hasta llegaron a cambiar el curriculum oficial para sacarle hasta los últimos vestigios de la corrosiva ideología nazi. Hubo un maestro de música que tacharía la frase *Juda den Tod* (muerte a Judas) de una canción para reemplazarla por *Wende die Not* (sácanos del aprieto). Hubo otros que se nutrieron con la escasa enseñanza bíblica que se les tenía permitida, acrecentándola y asegurándose de que sus alumnos supieran que la Biblia representaba lo opuesto al ateísmo y al antisemitismo de Hitler.

Después de varios años de escuela, su pastor le instó a que fuera a un seminario pequeño, el de San Miguel, que era algo así como un colegio secundario religioso cuya intención era la de integrar a la juventud al llamado religioso. Sus padres aceptaron y en 1939—el mismo año en que las tropas de Hitler invadían Polonia—no sólo entraba [Joseph] en un curso de estudio nuevo sino que, por primera vez, fue a vivir en un colegio internado. La transición no fue fácil. En el colegio la disciplina era rígida, con cada uno de los minutos del día regimentados de acuerdo a un horario estricto para el estudio y el ejercicio. Además, él era menor que los otros muchachos, lo cual sólo servía para aumentar su inseguridad en lo atlético dado que se encontraba atrasado en años con respecto a sus compañeros de equipo de fútbol o de rugby. Los demás muchachos, sin embargo, le tenían simpatía dándose cuenta que el verdadero talento de Joseph era el de la mente y no el del cuerpo. A través de su amistad lograron sacarlo de sí mismo y mostrarle lo que significaba tener compañeros. "Tuve que aprender a adaptarme al grupo," escribiría más tarde, "cómo salir de mi actitud solitaria y comenzar a moverme comunitariamente con otros a través del dar y del recibir. Estoy muy agradecido por esta experiencia dado que resultó de importancia más tarde en mi vida."

En unos pocos años más la vida en Alemania tomaría un giro hacía lo más sombrío. En 1940, las tropas nazis ocuparían Dinamarca, Noruega, Holanda, Bélgica, Luxemburgo y Francia. En 1941, Hitler decidió invadir la

Unión Soviética en un frente que abarcaba desde el Polo Norte hasta el Mar Negro. Joseph se encontraba de excursión con su clase cuando recibió la noticia y aunque tenía sólo catorce años comprendió que esta extensión de la guerra "sólo podía ir de mal en peor." Tanto él como sus compañeros "pensamos en Napoleón; pensamos en las inmensurables distancias de Rusia donde en algún lugar cualquiera el ataque alemán se desplomaría." Los jóvenes escolares tenían razón, como el tiempo tan desastrosamente lo diría.

Oscurecida bajo el nubarrón de la guerra, la vida de Joseph comenzó a cambiar rápidamente. Enormes camiones cargados de tropas rodaron por su aldea natal, algunos de los hombres con horribles heridas, y pronto se comisionaron las casas de familia para funcionar como centrales militares u hospitales. No tardarían en llegar noticias que algunos de los amigos de infancia de Joseph habían muerto en el frente. Esto hizo que la partida de Georg para incorporarse al ejército fuera aún más temida. En 1942, lo llamaron a la conscripción para el Reichsarbeitsdienst (servicio de trabajo del Reich) y lo hicieron operador de radio en el cuerpo de señaleros. Tuvo destinos tales como

Francia, Holanda y Checoslovaquia antes de prestar servicios en el frente italiano en 1944, donde resultó herido y de ahí devuelto a cumplir con su convalecencia en el mismo seminario de Traunstein donde estudiaba su hermano menor, Joseph. Sin embargo, ni bien recuperó la salud, Georg fue nuevamente regresado al frente italiano, desde donde la familia Ratzinger perdería ya contacto con él.

Por extraño que esto parezca, durante estos años la vida de Joseph tomó un giro hacia su interior. Mientras que Europa sufría por las ambiciones impías del líder de su patria, Joseph vivía la vida simple del pequeño seminario en Traunstein donde crecía tanto en mente como en espíritu. Se extasiaba en su amor por las lenguas clásicas a las que agregaría el estudio de las matemáticas. Más tarde descubriría la literatura, leyendo incansablemente las obras de los grandes alemanes como Goethe, Schiller, Eichendorff, Mörike, Stifter, Raabe, y Kleist. Fue asimismo una época de crecimiento en su fe. "Fue un tiempo de exaltación interior," recordaba él, "plena de esperanza por alcanzar las grandes cosas que se iban abriendo poco a poco ante mí en el vasto reino del espíritu."

Pronto vendrían las preocupaciones terrenas. En 1943 el Reich ordenó la conscripción de todos los jóvenes que asistían a colegios internados para que prestaran servicios en la defensa antiaérea (Flak). La intención era la de permitir que los alumnos continuaran con sus estudios mientras se los entrenaba para ayudar a defender contra las aeronaves enemigas. Junto con sus compañeros seminaristas, Joseph fue despachado a la Flak de Munich, donde aprendería a visualizar aeronaves enemigas al tiempo que continuaba sus estudios en el famoso colegio Maximiliansgymnasium.

Su servicio en la Flak marcó el comienzo de una carrera militar verdaderamente singular. Nunca aprendió a disparar un arma. En realidad, sus armas nunca estaban cargadas. Lo cual es verdad a pesar de que a su unidad se le asignara la guardia de la fábrica automotriz de BMW local, al norte de Munich. Pasaría días enteros en uniforme yendo de un lado al otro cumpliendo con deberes militares de poca monta, aunque sería, eso sí, testigo de horrores que nunca lo abandonarían. En la planta de BMW, vio obreros conscriptos de una de las áreas del campo de concentración de Dachau, siendo asimismo testigo de cuando se despachaban judíos húngaros a la muerte.

Aún así, la época que pasó en la Flak le brindó una privacidad y un tiempo para su desarrollo espiritual que nunca hubiera esperado. Cuando su unidad fue asignada a Gilching, él y sus compañeros quedaron exentos de cumplir con ejercicios militares, cada uno tenía su propia habitación, y hasta tenían tiempo los que eran católicos activos para organizarse en su instrucción religiosa así como visitar iglesias ocasionalmente. Lo cual se debía, mayormente, a los esfuerzos de un suboficial particularmente irascible que defendía la autonomía de su unidad "con uñas y dientes." Joseph recordaría esos meses como una temporada de "vida independiente." Recuerda asimismo cómo el pueblo alemán había comenzado a considerar la invasión de los aliados como la liberación.

Al llegar a edad de ser conscripto en las fuerzas armadas y dado de baja de la Flak, Joseph volvió a su casa el 10 de setiembre de 1944, para encontrar su notificacíon de conscripción esperándolo sobre la mesa de la cocina. Era una época horrible para entrar en el ejército alemán. El olor de la derrota se esparcía por el territorio y las condiciones de vida de los soldados era desesperante. Joseph fue destinado a un campamento donde confluían tres países—Austria, Checoslovaquia y Hungría. Formó parte de un grupo de obreros bajo el mando de la denominada Legión Austríaca, una banda de viejos nazis de los cuales algunos habían cumplido con condenas en prisión. Se trataba de ideólogos y tiranos. Joseph se salvaría de lo peor del maltrato por la razón de que ya había admitido públicamente que tenía la intensión de hacerse sacerdote católico. Esto lo salvó de entrar en la SS pero le acarreó también ser el blanco de un sinnúmero de insultos de giro religioso.

Su carrera de guerra siguió yendo por extraños caminos. Se lo retuvo en el campo como parte de un grupo de obreros pero nunca se lo envió al frente, que continuaba acercándose. El 20 de noviembre de 1944 lo mandaron a su casa, presumiblemente para esperar la llamada que lo llevaría a una unidad en el frente. Nunca le llegó. Más tarde le llegaron órdenes para Munich, donde se lo colocó bajo el mando de un oficial que odiaba la guerra, odiaba aún más a Hitler, y cuidaba de sus tropas con compasión. Parecía, sin embargo, que no había mucho que hacer y

Joseph pasó la Navidad de 1944 lejos de su casa y en cuarteles deprimentes rodeado de compañeros desilusionados y que extrañaban sus hogares.

Durante el mes de enero de 1945, el grupo en que estaba Joseph se trasladó de un lado a otro, aparentemente sin razón alguna. Crecía la depresión de los soldados y cuando al poco tiempo murió Hitler, Joseph decidío que era hora de volver a su casa. Sin mayor plano escándalo, simplemente desertó. Tomaría los caminos menos transitados que lo regresaran a Traunstein y ya estaba casi llegando sin problemas cuando le salieron al paso dos guardias y le espetaron la orden de parar. Afortunadamente, estos dos hombres estaban tan cansados de la guerra como lo estaba Joseph. Cuando vieron que llevaba el brazo en un cabestrillo debido a una herida leve, le dijeron: "Estás herido, camarada. ¡Sigue tu camino!" Así lo hizo Joseph retornando pronto a la casa de su familia sano y salvo.

Nuevos desafíos le esperaban. El hogar de los Ratzinger había sido convertido en una especie de casa de pensión que albergaba bajo el mismo techo, además de a dos monjas, a un sargento mayor de la fuerza aérea alemana. Joseph tenía miedo de que lo descubrieran como desertor, dado que estaba ciertamente en edad de ir a la guerra, pero su padre se esforzaría en mantener al sargento mayor tan ocupado discutiendo sobre los fracasos del Reich que el hombre apenas si tuvo tiempo de darse cuenta de su presencia.

Cuando finalmente llegaron los norteamericanos a Traunstein eligieron la casa de los Ratzinger para establecer en ella su cuartel general. Como a Joseph lo identificaron como soldado lo enviaron a un campo de prisioneros de guerra cercano, en Ulm. Antes de irse, sin embargo, metió unos lápices y un cuaderno en su mochila, lo cual le permitiría hacer bosquejos y escribir poemas durante las largas horas de su encarcelamiento. El 19 de junio de 1945 fue liberado de la prisión norteamericana y volvió a su hogar. Habiendo conseguido que lo llevara un camión lechero, llegó a casa mucho antes de lo que esperaba y vio su pueblo natal en un momento que le quedó grabado en la memoria para siempre. Era la caída de la tarde y salía música de la iglesia, dado que era la noche de la Fiesta del Sagrado Corazón de Jesús. Como recordaría Joseph más tarde: "El mismo celestial Jerusalén no podría haberme parecido más hermoso en ese momento."

La familia estaba ahora unida, todos excepto Georg.

Nadie había oído de él en muchas semanas. Reinaba un aire de inquietud y anticipación por toda la casa. ¿Estaba vivo Georg? Era una pregunta que nadie se atrevía a expresar pero que todos contemplaban. Más tarde, un caluroso día de julio, apareció él, tostado por el sol de Italia. Los Ratzinger hicieron entonces lo que tantas familias alemanas hacían en esos días cuando sus seres queridos inesperadamente sobrevivían el baño de sangre de la guerra: se reunieron alrededor del piano familiar y elevaron sus voces a su Dios, cantando "Dios Sagrado, santificamos Tu nombre," abrazándose los unos con los otros en agradecimiento que la noche nazi había pasado.

Sacerdote y Profesor:
Luchando por la Fe

Es la historia de dos hombres. Ambos figuran entre los pensadores más brillantes e influyentes de todos los tiempos. Ambos se elevaron del anonimato para crear movimientos que cambiarían el curso de las civilizaciones. Ambos trascendieron sus estilos de vida tranquila, de pía contemplación para convertirse en campeones de impresionantes reformas intelectuales y sociales. Y ambos son considerados entre los santos más grandes de la Iglesia.

Sin embargo, sólo uno de estos hombres operaría la más profunda influencia intelectual sobre la vida de Joseph

Ratzinger. Sólo uno fue el pensador que el Papa Benedicto XVI llamaría "mi gran maestro."

El primero de estos hombres se llamaba Agustín, y vivió durante los años de decadencia del Imperio Romano, siendo uno de las figuras más significativas que naciera en Africa del Norte. Estudió retórica en la famosa Universidad de Cartago para hacerse abogado, aunque luego abandonara ese plan para seguir la carrera de la enseñanza. Sus estudios de filosofía retórica, con énfasis en el pensamiento pagano griego, lo llevaron a un total renunciamiento del cristianismo.

Vivió, entonces, una vida de placeres, según admisión propia, la que incluyó mantener una amante durante quince años, con quien tuvo un hijo. A la busca de oportunidades de progreso en su posición académica, asumió puestos de enseñanza primero en Roma y luego en Milán. Fue en Milán donde quedó, inesperadamente, cautivo de la influencia del elocuente Obispo Ambrosio. Luego de una larga y cruenta lucha dentro de su alma, descripta en su clásica autobiografía *Confesiones*—Agustín fue convertido y bautizado bajo el ministerio de Ambrosio.

Pronto fueron reconocidas la constancia, santidad y genio de Agustín y fue ordenado sacerdote, aunque totalmente en contra de sus propias objeciones. Unos pocos años más tarde sería elevado al rango de obispo de la ciudad. Aunque devoto pastor, fueron sus escritos los que mayor impacto tuvieron. Durante su carrera escribiría más de mil obras, incluyendo 242 libros. Aún cuando muchos de éstos se han conservado, probablemente por el más se lo conozca sea su manifiesto de fe *La Ciudad de Dios.*

Al decir de Martín Lutero, este libro en particular "estableció el curso mismo de la Civilización Occidental." De acuerdo a John Knox, constituye la esencia misma del "pensamiento cristiano incisivo aplicado a las circunstancias de este pobre mundo caído." Pensadores tan diversos como Anselm, Petrarca, Pascal y Kierkegaard, todos ellos consideraron a *La Ciudad de Dios* como su primera y primordial influencia intelectual. En verdad, este libro único ha tenido una influencia asombrosa en la formación de la cultura occidental a través de los siglos.

El otro hombre de esta historia se llamaba Tomás de Aquino. Nació en una familia de la aristocracia italiana durante el período de alto medioevo. Landulph, su padre, era Conde de Aquino; Teodora, su madre, Condesa de Teano. El joven demostró su talento desde temprano caracterizándose por su profunda religiosidad. De estudiante en la universidad, tan rápido sobrepasaría a sus profesores que sus padres abrigaron la esperanza de que se estableciera como abogado o diplomático. En lugar de ello, Tomás eligió la vida de la orden dominica. Se cuenta que la ciudad de Nápoles en pleno se preguntó el por qué de que joven tan noble fuera a vestir las humildes ropas de un pobre fraile.

Su familia quedó tan consternada que lo hizo encerrar durante dos años en la fortaleza de San Giovanni en Rocca Secca con la esperanza de que el joven volviera a sus cabales. Éste no cejó, sin embargo, y finalmente fue liberado para incorporarse a un monasterio dominico.

En París y en Colonia estudió bajo la tutela de la mente más brillante de la época, Albertus Magnus. Pero no pasaría mucho tiempo antes de que la sabiduría de Aquino aventajara a la de su propio tutor. Luego de recibir el doctorado, Aquino comenzó a escribir, y su asombrosa mente pronto dejaría su marca en el mundo. Fue casi tan prolífico como Agustín, siendo el autor de cientos de obras y docenas de libros. Sin embargo, al igual que Agustín, su reputación se debe a su obra magna, la teología sistemática intitulada *Suma Teológica.*

Igual que *La Ciudad de Dios,* la *Suma* pronto alteraría el curso de hombres y naciones. Virtualmente todo teólogo católico romano desde Aquino ha encontrado en la *Suma* la totalidad del lenguaje, las categorías y los marcos filosóficos de la fe. G. K. Chesterton la denominaría la "Estrella del Norte del pensamiento occidental." Hilaire Belloc la llamó "la piedra imán de la ortodoxia." Y el Papa Juan Pablo II expresó que constituía una "guía indispensable del mundo cristiano y de la visión de la vida."

Tomando en cuenta todo esto, sería una tentación creer que Agustín y Aquino eran hombres muy similares, que en su mente albergaban pensamientos similares. Pero nada estaría más apartado de la verdad. Mientras que Agustín rechazaba categóricamente los principios de la filosofía griega—incluyendo las ideas de Platón y de Aristóteles—Aquino las abrazaba y las incorporaba dentro de su comprensión cristiana del mundo.

Agustín tenía la tendencia de pensar en blanco y negro, mientras que Aquino pensaba con frecuencia en una variedad de matices de gris. Agustín trazaba una línea a través de la historia entera—de un lado estaba la Ciudad de Dios y del otro la Ciudad del Hombre. Casi todo hecho, todo acontecimiento, toda idea y todo movimiento podía ser ubicado en uno de los dos lados de la divisoria. Aquino

trazaría asimismo líneas de distinción, pero éstas resultaban más complejas, sutiles y amplias. Agustín discurría su
pensamiento en categorías exclusivamente bíblicas, mientras que Aquino pensaba en categorías filosóficas inclusi-
vas. Agustín sacaba sus deducciones a partir de ideas de las
Escrituras, mientras que Aquino sacaba las suyas a partir de
Sócrates, Platón y Aristóteles. Tanto filósofos como teólogos han dicho que las ideas de Agustín se basaban mayormente en la antítesis, mientras que las ideas de Aquino se
basaban mayormente en la síntesis. Y los opuestos nunca
se encontrarán.

Entonces ¿quién fue el "gran maestro" de Joseph
Ratzinger? No es de sorprender que fuera Agustín, cuyos
escritos constituyeran para Ratzinger "una experiencia
espiritual que dejó su marca esencial." Sobre Aquino escribiría, sin embargo, que "tuve dificultad en penetrar el
pensamiento de Tomás de Aquino, cuya lógica clara
como el cristal a mí me parecía demasiado encerrada en
sí misma, demasiado impersonal y hecha a medida." A
pesar de que Ratzinger admitiera que el problema que
tenía en aceptar a Aquino pudo haber sido el resultado de
cómo se lo habían presentado sus maestros al autor de la
Suma, aún así el "rígido Tomismo neo-escolástico . . . estaba

simplemente ubicado demasiado lejos de mis propias preguntas."

Así fue entonces que resultaría Agustín, el hombre que defendió su fe contra los avances del paganismo y tuvo la visión de un florecimiento de la cultural cristiana el que se convirtiría en el guía teológico de Joseph Ratzinger— aquél que resguardaría la doctrina católica por casi un cuarto de siglo y luego sería el Papa Benedicto XVI.

Los años de posguerra en la vida de Joseph Ratzinger comenzarían con una escena desgarradora. Fue en el otoño de 1945 cuando apenas tenía dieciocho años. Hacía sólo unos meses que había sido liberado de un campamento norteamericano de prisioneros de guerra y había retornado al Seminario de San Miguel con su hermano Georg para trabajar con los otros alumnos en la reconstrucción del colegio. Luego de seis años funcionando como hospital militar el campo universitario necesitaba de arreglos. Sin embargo, con el tiempo, las cosas se fueron encauzando dentro de algo cercano a la normalidad. Se pedían libros prestados y se dictaban cursos en aulas temporarias.

Fue, sin embargo, lo que pasaría antes de la Navidad de 1945 lo que resultó tan emotivo. Joseph y su hermano decidieron organizar una reunión de sus antiguos compañeros de clase de antes de la guerra. Fue una dulce ocasión pero, en este momento de recuerdos, se dieron cuenta con tristeza de cuántos de sus amigos de infancia habían muerto. "Muchos habían caído en la guerra," escribiría más tarde "y nosotros los que habíamos regresado a casa nos sentimos aún más agradecidos por este regalo de vida y por la esperanza que nuevamente surgía elevándose por encima de tanta destrucción."

El destino académico de los alumnos de San Miguel era, por lo general, el seminario mayor de Freising. Éste también había funcionado como hospital militar durante la guerra y se tardaba en volver a las clases. Sin embargo, una vez que éstas empezaron, Joseph se encontró que iba a un seminario rodeado de alumnos afanosos por aprender. Las circunstancias en Freising resultaban el reflejo de las agonías del pueblo alemán en los años de posguerra. Escaseaba la comida, se encontraban todos apretados y los jóvenes de dieciocho años como Joseph se veían mezclados con endurecidos veteranos de guerra de más de cuarenta años.

Hay una frase en *Mi Vida,* la autobiografía de Ratzinger, que lo dice todo en cuanto a cómo veían estos alumnos mayores a sus compañeros adolescentes. Escribiría: "Era comprensible que muchos de estos combatientes mayores nos despreciaran a nosotros los jóvenes viéndonos como niños inmaduros que no habían pasado por el sufrimiento necesario para el sacerdocio." Resulta sumamente instructiva, sin embargo, la explicación que él da para esta suerte de condescendencia que mostraban los alumnos mayores. Tenían a los más jóvenes en baja estima "porque no habíamos pasado esas noches oscuras que solamente ellas pueden otorgar verdadera forma al consentimiento pleno en que debe ofrecerse un sacerdote." Es digno de notar que el joven Joseph captó la lección de que el sufrimiento es esencial para aquello que le permite al sacerdote entregarse plenamente a Dios. Esta comprensión de que la penuria es redentora, un instrumento para arrancar al corazón cristiano de sus amarras en el egoísmo, un medio de compartir los sufrimientos de Cristo, se mantendría como tema central en el pensamiento de Ratzinger durante toda su vida.

Otra imagen que parece haber dejado una huella permanente en su alma era la de la Iglesia como refugio sagrado contra los males del mundo, como los del nazismo, que resultaban más recientes. Para Joseph Ratzinger, la Iglesia Católica constituía "el lugar de todas nuestras esperanzas. A pesar de las muchas debilidades humanas, la Iglesia era la alternativa misma frente a la ideología de destrucción del gobierno 'pardo' [los Camisas Pardas de Hitler]; dentro de ese infierno que se había tragado a los poderosos, ella se había mantenido firme con la fuerza que le venía de la eternidad. Esto había sido comprobado: Las puertas del infierno no pudieron doblegarla. Por nuestra experiencia propia, sabíamos ahora lo que se quería significar con 'las puertas del infierno,' y veíamos, además, con nuestros propios ojos que la casa que se construye en la roca habíase mantenido firme."

Aunque no exista duda del hecho que un joven seminarista estuviera justificado en creer que su Iglesia constituía un refugio contra los horrores que a él le había tocado pasar, es también verdad que no todos habían considerado a la Iglesia Católica de los años de guerra en términos tan heroicos. Muchos son los que han hablado de la Iglesia Católica como profundamente comprometida durante la Segunda Guerra Mundial. Se lo ha llamado al Papa Pío XII, el pontífice romano durante ese período, "el Papa de

Hitler," y los católicos han sido acusados de todo, desde que se habrían alegrado con la persecución de los judíos hasta que habrían alentado el antisemitismo hitleriano desde sus púlpitos.

La verdad es, como siempre, mucho más complicada. Para lograr una comprensión de la cultura católica en la Alemania de esa época, podría sernos útil echar una mirada más de cerca a la vida de Michael Cardenal von Faulhaber. Éste fue el hombre que había llegado en su brillante auto negro a la plaza de la aldea bávara y logrado de tal manera impresionar al niño de cinco años que fuera Joseph Ratzinger. Fue también este mismo hombre el que patrocinara el seminario donde había estudiado Joseph, el mismo que un día ordenara como sacerdotes tanto a Joseph como a su hermano Georg, y que ha sido considerado como el más importante de los mentores de Joseph. De seguro que su asociación con los nazis no sólo resultaría interesante como reflejo de ese tiempo sino, además, por la influencia que él debe haber ejercido sobre Ratzinger.

El Cardenal Faulhaber fue ordenado sacerdote en 1892, fue nombrado obispo en 1911, para luego ser cardenal en 1922. Su obispado estaba en Munich, hecho que lo colocaría en constante contacto con el gobierno nazi una vez que éste accedió al poder. No hay duda que Faulhaber apoyó al régimen nazi de los primeros tiempos, en una época en que Hitler se dedicó a brindarle alabanzas de labios para afuera al cristianismo y cuando parecía que su política le estaba devolviendo al pueblo alemán el orgullo y el orden después de la Primera Guerra Mundial. En un sermón de 1937, el cardenal celebraría el apoyo de la Iglesia Católica al gobierno de Hitler "como un hecho de inconmensurable significación para la reputación del gobierno en el extranjero." Faulhaber consideraba al nazismo como un muro de protección frente al comunismo ateo no viendo nada malo en requerirle a su nuncio que le enviara a Hitler un saludo para su cumpleaños.

Sin embargo, a su posición pro-nazi de los primeros años se le deben oponer sus propias palabras y accionar una vez que Hitler comenzó a mostrar sus verdaderos colores como ateo y antisemita. Ya para 1933, en sus sermones, el Cardenal Faulhaber exhortaba en contra de la propaganda antisemita nazi en el mismo año en que el Nacionalsocialismo subiera al poder.[1] En 1938, Faulhaber se negó a dar su aprobación para que un profesor pro-Hitler enseñara en la facultad de teología de la Universidad de

Munich. Cuando, en represalia, Hitler cerró el colegio el cardenal, sin embargo, se mantuvo inamovible. Y en el transcurso de la guerra no sólo se expresó abiertamente en contra del programa de eutanasia instaurado por Hitler sino que permitió que se le brindara ayuda, a escondidas, a los sacerdotes prisioneros en el campo de concentración de Dachau, en un acto de desobediencia civil que le habría significado la muerte a todos los involucrados si los nazis los hubieran descubierto.

Lo que resulta difícil de comprender a muchos hoy en día es el cambio en perspectiva que sufrieran hombres tales como el Cardenal Faulhaber así como otros alemanes como él. Aceptaron al partido nazi cuando recién surgió porque parecía dar respuesta a las desdichas de la nación erigiendo una barrera contra lo que se consideraba un comunismo "sin Dios." Cuando vieron en lo que se convertía Hitler—un adalid del ateísmo, del antisemitismo y del derramamiento de sangre—muchos se opusieron con valentía. Los juicios expresados por la historia han golpeado con dureza sobre personas en razón de sus primeras opiniones, pero quizá con el tiempo—y un conocimiento más amplio de historias tales como la de Joseph Ratzinger— estos juicios inflexibles pierdan su dureza.

Lo que se sabe por cierto es que el Cardenal Faulhaber fue un hombre de carácter suficiente para brindar inspiración por lo menos a un seminarista con ideales. Como escribiría Ratzinger más tarde, "La gran figura venerable del Cardenal Faulhaber me causó una profunda impresión. Uno podía prácticamente tocar el peso de los sufrimientos que tuvo que padecer durante la época nazi, y que ahora lo rodeaba con una aureola de dignidad. En él no sólo buscábamos al 'obispo accesible'; más bien, lo que me emocionó profundamente de él era la asombrosa grandeza de su misión, con la cual él estaba plenamente identificado."

Mientras que Joseph maduraba en su amor hacia su iglesia, veía asimismo expandir sus horizontes intelectuales. Estudiaba teología, por supuesto, y estaba particularmente impresionado con Agustín. Había decidido, sin embargo, no limitarse sólo a la teología. Era su deseo "escuchar la voz del hombre de hoy." Comenzó así a devorar novelas tales como las de Gertrud von Le Fort, Elisabeth Langgässer y Ernst Wiechert. Siguió por Dostoevsky para luego continuar con Claudel, Bernanos y Mauriac. Comenzó a leer libros científicos concluyendo que las obras de Einstein, Planck y Heisenberg daban pruebas que la visión mecanista del mundo que había dominado el Occidente estaba cediendo terreno a una visión más abierta hacia Dios.

En realidad se estaba llevando a cabo en él un despertar. Era quizá que su corazón se estaba recuperando del trauma de la guerra o quizá era que, simplemente se permitía a sí mismo sentir los pesos y las alegrías de un mundo más amplio como nunca antes lo había hecho. Sea cual fuere el caso, se estaba concentrando más en lo humano, lo personal; los cambiantes dramas de la vida. Se debía esto, en parte, a la influencia del cura párroco de la iglesia del seminario, un hombre llamado Michael Höck. Los seminaristas lo denominaban "el Padre" por su manera afectuosa y llena de bondad aunque también lo miraban con reverencia por haber tenido que pasar cinco años en el campo de concentración de Dachau. Lo que él sabía de Dios lo había aprendido en las circunstancias más horribles y los hombres del colegio sentían así la profundidad y gravedad de su vida interna. Su alegría resultaba contagiosa, así como lo era su vida de oración y su pasión por el amor al prójimo.

El ejemplo del Padre Höck crearía un fuerte sentido de comunidad dentro del seminario. Joseph trabó relaciones

que le durarían toda su vida y nunca olvidó la música que
constantemente llenaba la casa donde él vivía o las repre-
sentaciones teatrales que el colegio patrocinaba durante
las fiestas. Siempre, sin embargo, era la adoración y la liturgia de la Iglesia lo que acaparaba a su alma. Como años
más tarde escribiera de esta época, "Mis recuerdos más pre-
ciados continúan siendo las celebraciones litúrgicas en la
catedral y las horas de oración silenciosa en la capilla
del colegio."

En 1947 Joseph terminó su curso de estudios de dos
años en Freising y decidió pedirle al obispo si podría continuar sus estudios bajo la tutela de la facultad de teología
de la Universidad de Munich. El obispo accedió y Joseph se
incorporó entonces a ese colegio el cual, aunque todavía
recuperándose de los estragos de la guerra, se convertiría
en el lugar de reunión de algunas de las mentes más brillantes de la teología que Alemania tendría para ofrecer.
Figuras como Friedrich Stummer y Wilhelm Maier en el
Antiguo y el Nuevo Testamento, Franz Xaver Seppelt en
historia eclesiástica, Richard Egenter y Gottlieb Söhngen
en teología, Michael Schmaus en el estudio de dogmas y
doctrinas, Josef Pascher en teología pastoral y Klaus

Mörsdorf en ley canónica, pasarían a ser las estrellas en el universo intelectual de Ratzinger.

Éste se adentraba en el estudio profundo de la Biblia y de la teología en un momento en que esas áreas estaban sufriendo grandes cambios, cuando acalorados conflictos prometían llegar a una redefinición del pensamiento religioso. La mayor parte del siglo anterior, el estudio bíblico y teológico se habían visto dominados por un enfoque racionalista y escéptico que intentaba aplicar los métodos de la crítica literaria al estudio de la Biblia. Las Escrituras llegaron a ser consideradas como el producto de la inventiva humana, de hombres que se habían puesto a escribir en ciertas épocas de la historia con una visión limitada del mundo y de acuerdo a fuertes prejuicios culturales. Los estudiosos de esta escuela se esforzaron en comprender la Biblia de la misma manera en que el crítico literario podría analizar Shakespeare o la obra de algún autor humano. Esto resultaba, sin duda alguna, altamente ofensivo para aquellos que consideraban a la Biblia como creada por la inspiración de Dios y, por ende, sagrada. Los defensores de este nuevo enfoque se consideraban, sin embargo, como la vanguardia misma de la investigación científica en asuntos religiosos sosteniendo que estaba por surgir un nuevo mundo feliz para la verdad religiosa.

La conclusión a la que arribarían estos estudiosos—una vez aplicadas a la Biblia las técnicas de la crítica literaria—sería que mucho de lo que la cristiandad ortodoxa había creído a través de los siglos carecía de base. Jesús había sido, quizás, un buen hombre que murió por una buena causa pero no era Dios. Los hombres deberían esforzarse para llegar a ser como él moral y éticamente pero no deberían considerarlo como el autor de la salvación. Lo que por tanto tiempo se había tomado como la obra de Moisés o de Isaías era ahora considerado como la compilación de las obras de un gran número de hombres que las habían escrito en algún momento a través de los siglos. Todo lo que la fe cristiana tenía para ofrecerle al hombre moderno era un sistema de ética destilado, en su mayor parte, de las enseñanzas de Jesús. Pertrechados tras estas convicciones éticas, los teólogos liberales creían que el hombre podía conformar una sociedad nueva, libre de mitos religiosos aunque guiada por la ética religiosa.

El baño de sangre que significó la Primera Guerra Mundial arrasó con tales sueños idealistas. Del otro lado del cataclismo, los hombres ya no podían creer más en la perfectibilidad moral del hombre. En su lugar, algunos de los estudiosos más influyentes de la era de posguerra comenzaron a enmarcar a la teología desde el punto de vista del individuo. Una vez que se hubieran arrancados todos los mitos, ¿qué significaría Jesús todavía para un individuo en el mundo moderno? Aún cuando los académicos modernos cuestionaran quién era el Jesús del siglo primero o hasta si realmente había existido, ¿podría darse todavía la experiencia subjetiva de Jesús—un Jesús de la fe en lugar de la historia—avanzando cauteloso por las páginas de las Escrituras?

Éstas eran las preguntas con que tenían que vérselas las facultades de teología en la época en que Joseph Ratzinger entraba a la Universidad de Munich. Figuras tales como Rudolph Bultmann y Martin Heidegger eran el tema de acalorado debate puesto que se encontraban al frente de este enfoque existencial y subjetivo hacia la teología. Insistían en la pregunta de qué significaría el Jesús de la fe para el hombre moderno una vez que se quitara la totalidad de los mitos religiosos de la Biblia. Respondiéndoles en defensa de un cristianismo más histórico estaban las figuras como las de Karl Barth. Durante una conferencia de prensa que tuviera lugar años más tarde, a Barth se le preguntaría qué sabía él con seguridad sobre la verdad religiosa. Su respuesta produciría en los estudiosos bíblicos de la vieja escuela algo así como un ataque de apoplejía. Dijo simplemente, "Jesús me ama, y esto lo sé, puesto que la Biblia me lo hace saber."

Joseph Ratzinger se hallaba entre el enfoque católico tradicional de las Escrituras y las perspicacias de los hombres de letras modernos. Deseaba ser un hombre de Dios que viviera conforme a la vida de Jesucristo. Sin embargo, era su deseo también ser un hombre de letras que utilizara las mejores herramientas intelectuales en el estudio de la Biblia y de la historia de la Iglesia. Se debatiría atribulado dentro de esta tensión entre las dos posturas concernientes a la fe durante todos y cada uno de los días de su vida.

Teniendo en cuenta que Ratzinger llegaría a presidir la Congregación para la Doctrina de la Fe, rama del catolicismo responsable por la ortodoxia doctrinaria, resulta interesante que uno de sus profesores favoritos en la Universidad de Munich fuera Wilhelm Maier. Como profesor de estudios sobre el Nuevo Testamento, Maier había sido uno de los principales pioneros de lo que se diera a llamar la teoría de las dos fuentes de los tres primeros Evangelios. Era su creencia, básicamente, que el Evangelio según Marcos, junto con otras fuentes, constituía la base de los Evangelios según Mateo y según Lucas. La tradición católica sostenía, por lo contrario, que Mateo era el evangelio anterior y, por ende, la fuente primaria.

Las ideas de Maier fueron consideradas marginales a la ortodoxia católica y se le envió un decreto de *Recedat a cathedra,* el que significaba "Permítase que abandone su puesto," anticuada expresión que se usaba en el Vaticano para despedir a profesores de teología. A pesar que Maier siguió su carrera, siendo capellán durante la Primera Guerra Mundial y luego capellán de una prisión, el dolor del rechazo de Roma nunca lo abandonaría. Para la época en que se incorporó a la facultad de Munich convirtiéndose en el profesor favorito de Ratzinger, aún cuando continuaría siendo brillante, continuaba en él una profunda amargura.

A pesar que sus conferencias se atiborraban de entusiastas alumnos en la época de Ratzinger, el disgusto de Maier por la manera en que había sido tratado resultaba todavía evidente. "Nunca pudo recuperarse del trauma de haber sido despedido," escribiría Ratzinger luego. "Guardaba una especial amargura contra Roma, en la cual abarcaba también al arzobispo de Munich que, en la opinión de Maier, no había mostrado mucha solidaridad para con su colega. Aparte de estas consideraciones, Maier era un hombre de fe profunda así como un sacerdote que había los mayores esfuerzos en pos de la formación religiosa de los muchachos que habían sido confiados a su tutela."

Considerando la posición que llegaría a ocupar Ratzinger, sus conceptos son de la mayor importancia, dado que reflejan un gran corazón a pesar de que con frecuencia, se le acuse de no tenerlo. Su profesor favorito en el seminario era un hombre marcado por Roma como maestro de doctrinas cuestionables. Sin embargo, Ratzinger lo quería, lo compadecía por el dolor que había sufrido, y hasta lo veía como un hombre de profunda fe y un talentoso guía para los sacerdotes. Todo esto a pesar del hecho que el alma de Maier estaba marcada por la amargura contra aquéllos que lo habían sacado de su profesorado anterior. El hecho que, con los años, a Ratzinger se lo acusara de tratar a muchos como Maier había sido tratado, hace de su antiguo cariño por este hombre algo revelador ya sea de que hubo un cambio posterior en su naturaleza o que, de su personalidad, hay una faz que, con frecuencia, se ignora.

La visión de Ratzinger sobre la ortodoxia se puede, quizá, resumir mejor a través de otro episodio que tuvo lugar durante su período en Munich. Se había suscitado un fuerte debate entre las facultades católicas sobre el tema de la Asunción física de María a los cielos. Más tarde, el Vaticano lo dictaminaría como dogma de la Iglesia pero antes de que se tomara tal decisión, muchas de las mentes más preclaras fueron consultadas, lo cual causaría la propagación de dicho debate.

Uno de los profesores favoritos de Ratzinger, llamado Gottlieb Söhngen, rechazó la idea de que María fue llevada físicamente el cielo al final de su vida terrena y así lo expresaría en un sinnúmero de reuniones académicas. Un luterano amigo de Söhngen le preguntaría en el curso de los acalorados debates, "¿Pero qué va a hacer usted si, a pesar de todo, se define el dogma?—¿No tendrá usted que dar entonces su espalda a la Iglesia Católica?" Söhngen meditó por un momento y luego respondió en palabras que seguirían resonando en la mente de Ratzinger por el resto de sus días. "Si se define el dogma," dijo Söhngen, "entonces recordaré que la Iglesia es más sabia que yo y que debo confiar en ella más que en mi propia erudición." Como resumiría Ratzinger el episodio en su autobiografía, "Creo que esta pequeña escena lo dice todo sobre el espíritu con el cual se hacía teología aquí—tanto con crítica como con fe." La clara conclusión de Ratzinger fue que, frente a toda nueva idea, se debía confiar en la sabiduría de la Iglesia.

Cuando estaba finalizando sus estudios en la Universidad de Munich, Ratzinger fue invitado a participar en un concurso en el cual algunos estudiantes de teología que mostraban tener talento debían presentar un ensayo escrito. El participante cuyo ensayo resultara ganador no sólo se graduaría *summa cum laude* pero tendría, además, la oportunidad de pasar directamente a un programa de estudio con vistas al doctorado. El tema del ensayo era "El Pueblo y la Casa de Dios dentro de la Doctrina de la Iglesia según Agustín." Ratzinger se alegró cuando lo supo, dado que Agustín era su tema favorito y que sabía el honor que representaba ser invitado a competir.

Con total entusiasmo, se abocó a la tarea, aunque pronto se sentiría abrumado no tanto por lo académico del trabajo sino por el hecho de que éste coincidía con su preparación para su ordenación. Habiendo completado sus estudios en la Universidad de Munich, se encontraba nuevamente bajo la tutela del seminario de Freising donde tomaba cursos sobre los aspectos prácticos del sacerdocio: los sermones, la catequesis, el asesoramiento y la teología pastoral. Afortunadamente Georg, que había continuado sus estudios en Freising, ofreció ocuparse de todas las necesidades prácticas de Joseph para que su hermano menor pudiera concentrarse en escribir además de prepararse para su ordenación. Lo ayudaría también Mary, la hermana de Joseph y de Georg, quien trabajaba como secretaria legal cerca de ahí y que se ofreció para tipear la versión final del trabajo de Joseph.

Ratzinger entregaría su ensayo sobre Agustín justo a tiempo para completar los preparativos para su ordenación. En poco tiempo más sabría que su ensayo había sido elegido y que se le permitiría seguir su doctorado en la Universidad de Munich. Constituía un honor para el cual no se sentía merecedor así como uno de las primeras señales de que Joseph Ratzinger se convertiría en una de las mentes teológicas más brillantes de su generación. Ahora, sin embargo, en lo que tenía concentrada la mente era su próxima ordenación. Sería esta uno de los momentos más importantes de su vida. El 29 de junio de 1951, Joseph fue ordenado sacerdote por el Cardenal Faulhaber en la Catedral de Freising junto a otros cuarenta candidatos—entre ellos su hermano Georg. Era la Fiesta de San Pedro y San Pablo, y Joseph recuerda haber respondido al llamado litúrgico al sacerdocio con la respuesta tradicional en latín *"Adsum,"* "Aquí estoy."

En el momento de su ordenación, pasó otra cosa que Ratzinger nunca olvidaría y que revela algo de su actitud frente a señales sobrenaturales. "No debemos ser supersticiosos," nos advierte, "pero, en el momento en que el anciano arzobispo puso sus manos sobre mí, un pajarito—una alondra quizás—salió volando hacia lo alto desde el altar mayor de la catedral trinando un cantito de alegría. Y no pude dejar de ver en esto una confirmación desde lo alto, como si oyera las palabras 'Esto está bien, estás en el camino correcto.' " No nos es difícil ver a Joseph Ratzinger como un hombre mayor, mientras escribía en 1977, tratando de no perder su postura de erudito mientras que se siente dulcemente alentado por el canto de una alondra durante su ordenación, así como se sintiera alentado sobre su bautismo con agua bendita Pascual el día en que nació.

Para el 1° de agosto del mismo año, había sido asignado asistente del pastor de la Parroquia de la Preciosa Sangre en Munich. Demostró ser una perfecta entrada al sacerdocio dado que la Parroquia abundaba en intelectuales, artistas, y altos funcionarios de gobierno así como también de mayordomos, mucamas y pequeños comerciantes. Pronto aprendería lo que significaba aplicar la verdad de Dios a todas las facetas de la vida humana. Era joven, entusiasta e idealista.

Y casi se vio aplastado por tanto peso. No había tenido idea de lo atareada que podía llegar a ser la vida de un sacerdote de parroquia. Vivía en una rectoría que resultaba demasiado chica y más que demasiado agitada para un ser introvertido. Tenía que dar dieciséis horas de instrucción religiosa a la semana en cinco niveles diferentes. Oía confesión una hora al día excepto los sábados en que oía confesión ¡cuatro horas seguidas! Los domingos, celebraba un mínimo de dos misas y daba dos sermones diferentes. Estaba, además, a cargo de todo el trabajo con la juventud, oficiaba en el entierro de por lo menos un feligrés a la semana y, con frecuencia, se ocupaba además de bautismos y bodas.

Afortunadamente, en esa época tuvo como su modelo al pastor de la congregación de la Preciosa Sangre, el Padre Blumschein, que insistiría en que el sacerdote debe "resplandecer." Este era un sacerdote que se entregaba a su gente. "Con su último aliento," Ratzinger recordaba con regocijo, "él deseaba con cada una de las fibras de su ser el poder ofrecer su servicio sacerdotal. De hecho murió llevando los sacramentos a un moribundo. Su bondad y su fervor interior hacia la misión sacerdotal fueron lo que le confiriera especial carácter a su rectoría. Lo que a primera vista podría haber dado la impresión de ser una actividad agitada era en realidad la expresión de una vida siempre lista para servir."

Ratzinger se entregó entonces al ministerio pastoral, siguiendo el ejemplo del Padre Blumschein, al mismo tiempo que completaba su doctorado en teología. Era una carrera brutal. Antes de poder completar su doctorado debía demostrar maestría en ocho materias principales a través de exámenes orales y escritos. Luego debía prepararse para un debate abierto donde tendría que adoptar la defensa de tesis de todas las disciplinas de la teología. A pesar de lo difícil que er, sacó sobresaliente en cada una de las tareas comenzando a demostrar a sus mentores que poseía una mente excepcional en un alma atemperada por la guerra y la devoción, así como por pastores de carácter inusual. En julio de 1953 recibiría con orgullo su doctorado junto a su madre y su padre.

Ratzinger se embarcaba ahora en una carrera académica que sólo se podría describir como meteórica. Dio cátedra en la Universidad de Munich hasta que fue invitado a dar cátedra como profesor titular en la Universidad de Bonn en 1959. Permanecería allí hasta 1966, cuando ocupó el segundo puesto en teología del dogma en la Universidad de Tübingen. Preocupado por los acontecimientos de Tübingen, como ya hemos visto, regresó entonces a Baviera aceptando un cargo en la Universidad de Regensburgo en 1969. Haría allí grandes progresos, siendo primero decano, luego vicepresidente, y más tarde teólogo consejero para los obispos alemanes. En menos de una década, fue nombrado Arzobispo de Munich y Freising y ordenado el 28 de mayo de 1977. Un mes más tarde, el 27 de junio, era elevado a cardenal por el Papa Pablo VI.

El suyo sería un ascenso asombroso, pero que no se daría sin dificultades. Su paso se vio marcado por una serie de luchas que dejaron su impronta en él, tanto como hombre como pensador. La primera de ellas era el desafío que significaría la composición de un trabajo del tamaño de un libro para acceder a la posición de profesor en la Universidad de Munich. Bajo el titulo de *Habilitación,* la idea era la de constituir el asombroso anuncio de una brillante para el mundo académico. Sin embargo, el trabajo de Ratzinger no daría, ni por lejos, en el blanco.

Había elegido desarrollar la idea de la revelación en el pensamiento de San Bonaventura. Parecía respaldar la idea de que la revelación no es la Biblia en sí, sino la acción de Dios al revelarse a través de la Biblia. Ratzinger rechazaba la idea de las que las Escrituras deberían ser llamadas revelación. En lugar de ello, al igual que Bonaventura, mantendría que la revelación es "algo más grande que lo que está meramente escrito." Es dado por el Espíritu y, en razón de que el Espíritu ha estado dando revelación a lo largo de los siglos, la comprensión de la verdad de la Biblia requiere de tradición tanto como del trabajo inmediato del Espíritu.

Para sus patronos académicos, sin embargo, su tesis sonaba demasiado moderna, demasiado parecida al existencialismo de Bultmann y Heidegger. No ayudaría en nada las cosas el hecho de que uno de los integrantes de la comisión de estudio de *Habilitación* se consideraba a sí mismo un experto en la materia y se dio por ofendido no sólo porque no se lo había consultado a él sino porque un mero principiante sugiriera enfoque tan novedoso. No, este trabajo tenía que ser rechazado, según la comisión. Llevaría años hacer los trabajos de reparación que iban a resultar necesarios.

Para suerte de Ratzinger, la comisión moderaría su reacción. En lugar de rechazarle el trabajo, lo que habría sido un golpe humillante para el joven profesor, decidieron regresárselo para que siguiera trabajando en él. Ratzinger haría un cambio de dirección y su trabajo le fue aceptado en la segunda vuelta. El 21 de febrero de 1957 le aceptaban su *Habilitación* y él era nombrado profesor de teología y dogma fundamental en la Facultad de Filosofía y Teología de Freising.

Sorprendentemente, la disputa suscitada por *Habilitación* lo marcaría a Ratzinger como un poco radical. Lo empezarían a considerar un brillante joven pensador de "la nueva escuela" al que si se le brindaba la oportunidad, traería cambios a la Iglesia. Esto le granjearía el cariño de sus alumnos. Podría, muy bien, no haber sido éste el caso. Sus alumnos lo veían como un hombre tímido, de voz suave, alguien de disposición tranquila y "pacífica". La palabra que se usaba con mayor frecuencia entre sus pupilos para describirlo era "amable." Tenía también la reputación de "santo," cuya vida de oración y devoción llegó a ser legendaria en las universidades donde sirvió.

Sin embargo, al ser considerado un radical, era esto lo que más los tenía intrigados a sus alumnos. Pronto se había ganado reputación de ser un profesor de fuertes convicciones obstinado en su compromiso con la verdad. Era, al decir de muchos, el hombre más inteligente que habían conocido, lo cual otorgaría a sus cátedras así como al posible impacto reformista de su carrera, una fascinación mayor aún para la juventud.

Y fue así cómo ascendió. Creció su reputación como teólogo, catedrático y guía espiritual. Así fue que, cuando el Papa Juan XXIII anunció su deseo de convocar un nuevo concilio eclesiástico con el propósito de brindar una mayor relevancia a la Iglesia en el mundo moderno, a Ratzinger le encomendó el arzobispo de Colonia, Cardenal Frings, que lo ayudara en su labor para tal concilio. Esto significaba que actuaría como perito experto en teología en la reunión más importante de los jefes de la Iglesia que fuera a tener lugar dentro de su generación.

Debe haberlos colmado de alegría, entonces, tanto a él mismo como a los jóvenes pensadores como él, cuando el Papa Juan XXIII dio apertura a lo que luego se llamaría el Vaticano II, con estas palabras:

> En el ejercicio diario de nuestro ministerio pastoral—y muy a nuestro pesar—tenemos a veces que escuchar a aquéllos que, consumidos por el entusiasmo, adolecen sin embargo de juicio o de equilibrio. Para ésos el mundo moderno no es más que traición y ruina. Insisten que esta época es mucho peor que las épocas pasadas, y siguen despotricando como si nada hubieran aprendido de la historia—y, sin embargo, la historia es la gran Maestra de Vida. . . . Nos sentimos obligados a disentir con estos profetas de perdición que están por siempre vaticinando calamidades—como si el fin del mundo fuera inminente. Hoy la Providencia, por lo contrario, nos guía hacía un nuevo orden de relaciones humanas el que, gracias al esfuerzo humano y sobrepasando en mucho toda esperanza humana, nos llevará a la realización de expectativas aún más altas y nunca soñadas.

El concilio se extendió desde 1962 hasta 1965 y Ratzinger estuvo presente allí todo el tiempo. Se encargaría, junto con otra joven estrella de la teología, Hans Küng, de aconsejar a los obispos alemanes y de alentar al concilio en sus proyectos de reforma con tanto entusiasmo como le era dable hacerlo desde las bambalinas. En un momento dado, durante la conferencia, el Cardenal Frings hizo un discurso de amplia repercusión declarando que el trabajo del Santo Oficio—la antigua sede de la Inquisición, actualmente denominada Congregación para la Doctrina de la Fe—utilizaba "métodos y conductas" que "no estaban de acuerdo con la era moderna constituyendo una fuente de escándalo frente al mundo." A pesar de ser palabras expresadas por el Cardenal Frings, casí seguro que habían sido escritas por Ratzinger, quien bien pudo haber tenido en mente el trato que se le había dado a su antiguo mentor, el Profesor Maier.

Esos serían días embriagadores para el joven profesor. El concilio se había iniciado con algo que, a su parecer, era un propósito puro: abrir la Iglesia al mundo moderno sin comprometer su mensaje de fondo. Ratzinger aplaudía este sueño y abrigaba la esperanza de verlo concretado. Para la conclusión del concilio él se atrevía a poder contar con una nueva era de libertad y crecimiento dentro de su Iglesia.

Sin embargo, ya durante el transcurso del concilio, había visto cierta evidencia de concesiones que le preocupaban. Algunas de las decisiones del concilio habían sido tomadas más a la manera de un parlamento moderno que a la manera de hombres de Dios, según lo veía él. Se daban facciones partidarias y acuerdos secretos. Todo esto le resultaba odioso al Ratzinger de ideales, que ya pasaba los treinta y tantos años y estaba comenzando a hastiarse de los egos y de un debate interminable y sin acción. Estaba además cansado del creciente poder de los eruditos. Como católico ortodoxo, él era de la opinión de que era la visión pastoral de la Iglesia la que tenía que ejercer su eminencia sobre la erudición y no el caso contrario.

Resultaba un fenómeno asombroso para los creyentes el que sus obispos mostraran en Roma una cara diferente de la que tenían en casa. Pastores que eran considerados como conservadores estrictos, de repente aparecían como voceros del progresismo. ¿Pero estaban haciendo esto por parte propia? El papel asumido por los teólogos en el Concilio estaba creando cada vez más claramente una nueva confianza entre los hombres de letras, quienes ahora se consideraban como los expertos verdaderamente eruditos en la fe y, por consiguiente, ya no más subordinados a los pastores. . . . Era el Credo que establecía asimismo los estándares para la ciencia catedrática. Ahora, sin embargo, en la Iglesia Católica todo esto—por lo menos en la conciencia popular—entraba nuevamente en la revisión, y hasta el Credo mismo no parecía ya ser intocable; por el contrario, parecía estar sujeto al control de los eruditos.

Todo esto Ratzinger vio como rebelión, llegando a la conclusión de que "crecía el resentimiento contra Roma y contra la Curia, que parecían ser los verdaderos enemigos de todo aquello que fuera nuevo y progresista." Su temor era que estuviera surgiendo una "soberanía del pueblo," una "Iglesia desde abajo" que derrocaría a los jefes apostólicos de la fe. Ratzinger, tan pleno de felices esperanzas al comienzo del concilio unos años atrás, se encontraba ahora "profundamente preocupado por el cambio operado en la atmósfera eclesiástica y que resultaba cada vez más evidente."

Podría ser muy bien que de su experiencia con el

Vaticano II Ratzinger sacara una conclusión que, de ahí en más, daría forma a su liderazgo. Estuvo a favor del cambio al comienzo del concilio y lo promovió como tal con toda su pericia. Sin embargo, nunca había soñado con que la reforma de la Iglesia fuera a exceder los límites impuestos por el cristianismo histórico. No era su deseo romper con el pasado sino aplicar la sabiduría del pasado en una manera nueva y más contemporánea a los problemas del presente. Sin embargo, una vez que la Iglesia dio un paso hacia el cambio, los motores de la rebelión rugieron desde adentro empujando a la reforma hacia una virtual revolución. Ratzinger fue de la opinión que esto ya había ido demasiado lejos y que las pequeñas reformas necesarias habían sido tomadas rehén por una agenda más severa.

Para solidificar este cambio en su pensamiento le serviría su experiencia de Tübingen. La revuelta marxista de 1968 lo había cambiado. "Algo sucedió," contaría su colega el profesor Hans Küng. "Le atestaron un golpe muy duro las revueltas estudiantiles. Tuvo fuerte choques con sus más entrañables alumnos y asistentes." Wolfgang Beinert, quien fuera alumno en la universidad en esa época, recordaba que el levantamiento marxista entre los alumnos "impactó sobre Ratzinger de forma extraordinariamente fuerte," en él, que había sido "muy abierto, básicamente preparado para dar entrada a las cosas nuevas. Pero de repente se dio cuenta que estas nuevas ideas venían unidas a la violencia y a la destrucción del orden preexistente. Simplemente, no pudo soportarlo más."

Sería éste un giro final en su visión del mundo. "Sentía que para serle leal a mi fe debía también ponerme en oposición de aquellas interpretaciones de la fe que no son interpretaciones sino oposición." Resulta claro que las lecciones aprendidas tanto en la época nazi como durante los debates teológicos de su entrenamiento seminarista, con su frustración con el Vaticano II, y con los horrores de Tübingen lo habían compelido aún más profundamente hacia una ortodoxia romana inmutable.

Ratzinger renunció de Tübingen y asumió un cargo en la Universidad de Regensburgo con el propósito de "seguir desarrollando mi teología en un ambiente menos agitado y porque, además, no deseaba verme forzado siempre a adoptar una postura opositora." Quedaba claro que necesitaba de un descanso.

También necesitaba de su familia. Para 1969, año en que comenzó a enseñar en Regensburgo, tanto su madre como su padre ya habían fallecido: su padre en 1959 y su madre en 1963, justo cuando aumentaba en él la desilusión con respecto al Vaticano II. Afortunadamente, su hermano Georg se desempeñaba como maestro de coro de la catedral mientras que su hermana Mary también vivía cerca. Entre los tres se darían mutuo aliento en sus respectivas vocaciones al tiempo que revivirirían algo de las alegrías hogareñas que habían conocido en su juventud.

Fueron éstos buenos años para el menor de los Ratzinger. Escribió entonces algunos de sus mejores trabajos, ayudó en la creación de *Communio*—una revista trimestral sobre teología y cultura católica que sigue teniéndose en gran estima hoy en día—y hasta se construyó una casa en una calle tranquila, que completó con un jardín amurallado. Era ésta un oasis lejos de las preocupaciones de otrora, el refugio perfecto para un hombre de letras introvertido que sólo deseaba enseñar y pensar e ir en búsqueda de su Dios sin intromisiones.

Alejado de la turbulencia de conflictos políticos y doctrinarios, reflexionaba sobre lo que, a su creer, era el decaimiento de Iglesia y el trastocamiento del significado del Vaticano II.

Estoy convencido que la crisis por la que estamos pasando en la Iglesia actualmente se debe, en la mayor parte, a la desintegración de la liturgia que, por momentos, hasta ha llegado a ser [una] . . . cuestión de indiferencia si es que Dios existe o no y si Él nos habla y nos escucha o no. Pero cuando en la liturgia se pierde de vista a los creyentes en la fe, a la unidad mundial de la Iglesia y a su historia, así como al misterio del Cristo vivo, entonces ¿en qué otro lugar va a hacerse visible la Iglesia en toda su esencia espiritual? Entonces la comunidad sólo se está celebrando a sí misma, lo cual constituye un acto completamente infructuoso . . . Es por esto que necesitamos un nuevo Movimiento Litúrgico, a través del cual cobre vida la verdadera herencia del Segundo Concilio Vaticano.

La paz y contemplación de esos años verían su fin, sin embargo, con la muerte del Arzobispo de Munich, Julius Cardenal Döpfner. Ratzinger recibió con pena el aviso del fallecimiento del cardenal pero su pena sería pronto interrumpida al llegarle una carta informándole que el Papa Pablo VI lo designaba a él como Arzobispo de Munich y Freising. Preocupado, se vio tentado a rechazarlo. Al consultarlo con su confesor, el sabio anciano le respondió de inmediato, "Debes aceptarlo." Su agitación era grande, pero luego de mucho rezar y mirar dentro de su alma, finalmente aceptó y el domingo de Pentecostés del verano de 1977, recibió su ordenación. Un mes más tarde sería ascendido a cardenal.

Como lema para su trabajo Ratzinger elegiría "Compañero de Trabajo de la Verdad," frase ésta de la Tercera Carta de Juan en el Nuevo Testamento. Resultaría apta de una manera como nunca podría haberlo él esperado, dado que en el cumplimiento de sus nuevas funciones conocería a otro arzobispo, esta vez de Cracovia, en Polonia. Su nombre era Karol Wojtyla y junto a este hombre, Ratzinger llegaría realmente a convertirse en "compañero de trabajo de la verdad."

Juan Pablo Magno:
El Legado de Karol Wojtyla

Dos hombres diferentes de personalidades diferentes y de cunas diferentes. Aún así, por el transcurso de más de veintidós años aunaron fuerzas para preservar la ortodoxia y ampliar su comprensión del legado del Vaticano II. La Iglesia Católica Romana entraría en el nuevo milenio definida mayormente por esta visión compartida.

Ambos se habían conocido en el *interregnum* entre la muerte del Papa Pablo VI y la apertura formal del cónclave que elegiría a Juan Pablo I. Karol Wojtyla, Arzobispo de Cracovia en Polonia, se mostró entusiasmado de encontrar a un hombre que comprendía la situación de la Iglesia como él la comprendía. Joseph Ratzinger, Arzobispo de Munich y Freising, le correspondió en el entusiasmo. De hecho, contaría más tarde que había surgido entre ambos una "simpatía espontánea."[1]

Compartían la opinión de que el Segundo Concilio Vaticano había tenido buenas intenciones pero que había terminado fallando. Lo que había empezado como un intento de dar mayor relevancia a la Iglesia dentro del mundo moderno se había tornado, para algunos, en una excusa para lanzar un desafío contra doctrinas de larga data así como para cuestionar la autoridad apostólica. Ni Wojtyla ni Ratzinger lo aceptarían. Al cotejar que, ideológicamente, eran el uno del otro, hermanos del alma, juntos comenzaron a reflexionar sobre cómo podría rescatarse la visión inicial del Vaticano II, cómo podría restaurarse la antigua gloria de la Iglesia a través de la renovación de sus creencias históricas, creativamente expresadas a un mundo en rápido cambio. Ratzinger confirió articulación al sueño mutuo. Era el momento para que la Iglesia, diría él en una entrevista, "se atreviera a aceptar, con corazón alborozado y sin disminución, lo tonto de la verdad."[2]

Wojtyla estuvo de acuerdo y los dos continuaron cultivando esta amistad, mayormente a través de cartas que iban y venían entre Cracovia y Munich. Luego, en 1978 Wojtyla fue nombrado Papa, y pronto intentó traer a su amigo a Roma. Ratzinger se negó. Tenía que cumplir con sus deberes en Munich, y con su enseñanza. Otras cosas, además, lo preocupaban. Siempre había sido franco y más aún desde esa insensatez de Tübingen en 1968. ¿Se le permitiría decir lo que pensaba? Eso lo dudaba. Los funcionarios del Vaticano nunca se lo permitirían, a pesar de los mejores esfuerzos de su amigo, quien era ahora Juan Pablo II.

Así que Ratzinger se quedó en Munich otro año. Entonces, siempre tan persistente, su amigo le pidió de nuevo, invitándolo a asumir el cargo de prefecto de la Congregación para la Doctrina de la Fe. El hombre de Munich seguía dudando. Lo rechazó nuevamente para luego reconsiderarlo. Decidió entonces imponer sus propias condiciones: aceptaría sólo si podía seguir expresándose libremente sobre aquellos temas sobre los cuales no admitía concesiones. Eso era exactamente lo que el Papa esperaba de él. Así que Ratzinger se fue a Roma.

Se daba la combinación de opuestos que ha probado ser efectiva con tanta frecuencia a través de la historia.

Wojtyla era actor, místico, y poeta. Se había criado en medio del sufrimiento de una familia y de una nación polaca sitiada, rodeado de muerte y bajo el terror de los nazis primero y luego de los comunistas. Se convirtió en un guerrero ideológico que no perdería nunca el trato común. Cambiaría el calzado enjoyado de los Papas anteriores por unos mocasines marrones que le conferían una mayor libertad de movimiento entre la gente. Era buen mozo, atlético y risueño. Una vez le presentaron un palo de hockey como regalo de bienvenida a una ciudad norteamericana, y al recibirlo lo hizo girar como la hélice de un avión frente al vitorear entusiasta de cien mil admiradores. Cuando los chiquilines de Nueva York entonaron un cántico usando su nombre, él levantó las manos por encima de los hombros al estilo hip-hop, y les contestó cantando con alborozo "Woo-woo."

Una reacción así frente una multitud joven y estrepitosa probablemente nunca se le hubiera ocurrido al estudioso Joseph Ratzinger. Rara vez viajaba con el Papa, principalmente porque no le gustaba perturbar su rutina. Se había criado como el hermano menor de una familia viviendo en un lugar que se parecía a algo salido de *Heidi* o de *La Novicia Rebelde*. Después habían aparecido los nazis.

Cuando Karol Wojtyla asistía a un seminario clandestino en la Polonia ocupada por los nazis, Ratzinger era un conscripto adolescente en el ejército de Hitler que leía libros cuando se lo suponía montando guardia para avistar aviones enemigos. Se convertiría luego en un brillante profesor universitario conocido por su carácter amable y devoto. Su pasión parecía ser sólo por la verdad y fue esto precisamente lo que le granjeara el cariño de aquel otro hombre que se convertiría en Juan Pablo II.

Esto no quiere decir que Ratzinger no tuviera sentido del humor. Lo tenía, pero a su manera. Sus mejores bromas las contaba en latín. Podía llegar a desternillarse de risa él solo con el juego en la pronunciación de una palabra— aunque la palabra estuviera en un idioma que ninguno de los presentes entendía. Hombre conocido por su gran pulcritud, en cierta ocasión le jugó una broma a un colega moviéndole las cosas de lugar sobre el escritorio de este hombre. Ratzinger había esperado una gran risotada pero su colega jamás se dio cuenta. La broma del este ordenado hombre de letras hubiera resultado graciosa sólo si se la hubiera hecho a alguien que conociera la ubicación precisa de cada elemento sobre su propio escritorio. El resto del mundo simplemente se quedaba afuera.

Con todo lo insulso que era, Ratzinger resultaba el hombre indicado para montar guardia doctrinaria en nombre de Juan Pablo II. A veces el Papa se volvía demasiado místico y entonces Ratzinger gentilmente lo volvía a encauzar. El Papa determinaba una dirección de doctrina y Ratzinger la colocaba en el formato erudito que él conocía tan bien. Los dos acostumbraban a reunirse para cenar la noche de los viernes y programar el nuevo curso que tomaría la teología en el futuro católico romano. Una semana el tema podría ser direcciones nuevas dentro de la teología de la Virgen María. Otra semana, podían discutirse las ideas radicales de algún profesor universitario norteamericano. Juan Pablo aprendió a confiar en Ratzinger como lo haría en muy pocos. Algunos en el Vaticano hasta empezaron a llamar al teólogo alemán por el revelador nombre de "vice Papa."

Sin embargo, se daban los desacuerdos. Ratzinger aludiría a esto, con extremada sutileza, cuando en 1993 le dijera a la revista *Time,* "No estamos totalmente de acuerdo en todos los puntos esenciales de la doctrina y el orden de la Iglesia. Llegamos a las mismas conclusiones, y nuestras diferencias de enfoque, cuando éstas existen, estimulan la discusión." Típico de Ratzinger de minimizar las cosas.

Siempre supo, sin embargo, que prestaba sus servicios a las órdenes de su amigo el Papa. En más de una ocasión, alentaría a un frustrado colega usando las palabras de su profesor de seminario: "Seré convencido de que la Iglesia es más sabia que yo." Sometía su vida siempre al consejo de la Iglesia: "Siempre mi idea fue ser católico, seguir la fe católica y no mis opiniones propias."[3]

Así fue que Ratzinger y Wojtyla—el alemán y el polaco, el de la Juventud Hitleriana y el de la resistencia contra los nazis, el místico y el erudito—adaptaron su Iglesia para una nueva generación.

En los primeros días de su papado, Benedicto XVI habló abiertamente de la reconfortante presencia de Juan Pablo II, quien había fallecido sólo dos semanas antes: "Me parece sentir su mano fuerte sosteniendo la mía. Siento que puedo ver sus ojos sonrientes y escuchar sus palabras, en este momento dirigidas particularmente a mí: 'No temas.' " Era reconfortante para los creyentes oír que el nuevo Papa se sentía inspirado por la memoria de su predecesor.

Sin embargo, tal referencia llevaría a muchos a preguntarse qué más sentiría Benedicto XVI con respecto a la continuidad de la influencia de Juan Pablo II mientras se establecía en el trono de San Pedro. Todo Papa debe vérselas con el legado de su antecesor. Todo Papa tiene que redefinir su propio papel. Pero Juan Pablo II dejó un legado que resulta inigualable en la historia reciente de la Iglesia. Sus más de veinticinco años en el cargo, su vida temprana casi mística, y su asombrosa popularidad personal en todo el mundo le garantizaron no sólo una posición prominente dentro de la historia papal sino, además, un impacto sobre su propia época que promete hacerse sentir por generaciones. Para comprender el desafío al que se enfrenta Benedicto XVI, ahora, a comienzos del siglo veintiuno, y para aprehender la significación de sus décadas al lado de Juan Pablo, resulta esencial comprender la vida de aquel obrero de fábrica polaco que se convirtiera en el líder más querido del mundo.

Ya mucho antes de que Karol Wojtyla fuera nombrado Papa Juan Pablo II, el papado había estado tomando giros históricos. Sin ir más lejos, todavía en el período del Papa Pío XII, que fue de 1939 hasta 1958, se mantenía la formalidad real de siglos pasados. El Papa Pío llevaba todavía la tiara de joyas con las tres coronas. Todavía se lo transportaba de un lugar a otro en una *sedia,* trono llevado en andas sobre los hombros de sirvientes. Los espectadores todavía tenían que arrodillarse en su presencia.

Los comienzos del cambio llegaron con el Papa Juan XXIII, que le sucediera a Pío XII y quien fue llamado con frecuencia "el Papa bueno." Nacido como Angelo Roncalli en la aldea lombarda de Sotto il Monte, para cuando accedió al papado era un diplomático corpulento, gran fumador de clásica nariz romana y ojos que la gente con frecuencia describiría como pozos de compasión. Resultaba claro que había sido elegido por el cónclave con la expectativa general de que el suyo sería un papado de corta duración, transicional e inofensivo. Qué gran sorpresa les daría.

En su coronación proclamó, "El secreto de todas las cosas es dejarse llevar por el Señor y llevar al Señor." Para él esto significaba que Cristo debía crecer pero que el papado debía disminuir. Empezaría inmediatamente a dejar de lado la pompa de su nuevo cargo, negándose a ser llevado en la *sedia,* evitando las coronas, simplificando los rituales.

Era asimismo un no conformista con humor. Pronto

cundirían más allá del Vaticano las anécdotas de su humor mundano convirtiéndolo en el favorito de la gente común. Siendo todavía cardenal, se le acercó una vez una mujer que llevaba un gran crucifijo colgando entre sus dos pechos gigantescos. *"¡Quelle Golgotha!"* (¡Qué Calvario!) proclamaría el Papa. En otra ocasión, se encontraba él trabajando en su escritorio cuando un carpintero que estaba haciendo arreglos por ahí cerca se golpeó el dedo pulgar, dando entonces rienda a una violenta maldición. Luego de un momento, el Cardenal se levantó, se fue hasta el carpintero y le espetó, "Veamos, ¿qué es esto? ¿No puede decir 'mierda' como todo el mundo?"[4]

Fue este mismo populista, en ocasiones chabacán, quien convocaría al Segundo Concilio Vaticano. En ocasión de abrirse la magna sesión, se levantó este mismo hombre—el "Papa bueno"—y con toda valentía censuró al clérigo que creía que su tarea sería meramente la de regañar al mundo moderno. Durante todo el Vaticano II y su papado, llamó a que se encaminara hacia el cambio. Aún en su lecho de muerte, dijo él las palabras que se convertirían en un credo para los Papas que lo siguieron: "El secreto de mi ministerio está en el crucifijo . . . Esos brazos abiertos han sido el programa de mi pontificado: ellos significan que Cristo murió por todos, por todos. Nadie está excluido de su amor, de su perdón."

Pablo VI, quien sucediera a Juan XXIII en 1963, resultaba de personalidad menos sensual y menos no conformista pero continuó, sin embargo, dentro del camino hacia la reforma. Vendió la triple tiara que había sido usada por los Papas por siglos y le dio el dinero a los pobres. Hizo también declaraciones que horrorizaron a la vieja guardia dentro del Vaticano pero que definirían el camino hacia un nuevo día para la Iglesia. En su famoso documento *Sobre la Infalibilidad Papal,* publicado en 1967, declaraba, "El Papa es el obstáculo más serio en el camino ecuménico." Lo decía en serio, dando más tarde el histórico paso de reunirse con el patriarca ortodoxo Athenagoras y de darle su propio anillo episcopal a Michael Ramsey, el Arzobispo de Canterbury, en señal de unidad.

El Papa sucesor de Pablo VI duraría sólo un mes. Se lo conoció como "el Papa sonriente" y era de porte tan poco real que un comentarista, al escuchar la noticia de su elección, dijo, "Lo eligieron Papa a Peter Sellers."[5] Eligió el nombre de Juan Pablo I en la esperanza de continuar el legado de Juan y de Pablo, sus antecesores inmediatos. Seguiría los pasos de estos dos hombres al rechazar la coronación y anunciar su intención de ordenar las finanzas del Vaticano con los clérigos descarriados. Fallecería de un ataque al corazón mientras leía en su cama, antes de poder siquiera empezar.

Cuando los cardenales se reunieron por segunda vez en casi dos meses para elegir al nuevo Papa, se dieron cuenta que necesitaban algo nuevo. Necesitaban juventud y vigor, alguien que ejerciera atracción sobre el mundo moderno pero que a la vez pudiera enfrentarse al comunismo en un mundo trabado en la guerra fría. Eligieron a un buen mozo y atlético profesor de filosofía, polaco, de nombre Karol Wojtyla. Sería el Papa más joven en 125 años, el primero que no era italiano en 455 años, y el primer Papa de la historia que venía de Polonia.

Aunque conocido entre los cardenales del cónclave, lo que es el mundo de afuera apenas si sabía quién era. Cuando se anunció su nombre desde el balcón de San Pedro el día de su elección, la multitud aguzaría el oído para entender. Alguien del público soltó un alarido de júbilo, "¡Eligieron a un negro!," creyendo que las complicadas sílabas del nombre polaco de Wojtyla sonaban más como pertenecientes a algún nativo de Nairobi que de Cracovia.

Como pronto se daría conocer al mundo, había nacido el 18 de mayo de 1920, en Wadowice, Polonia, en una casa tan cercana a la catedral que los sacerdotes de allí eran los primeros en saber cuando la Sra. Wojtyla estaba horneando el pan. Su padre, también llamado Karol, era oficial en el ejército polaco, mientras que su madre, Emilia, era una mujer de ojos oscuros, profundamente religiosa, que había conocido muchos sufrimientos antes de casarse. En su infancia había visto a cuatro de sus hermanos y hermanas enfermar, empeorar y morir. Ya en su adolescencia, perdería a su madre. Por consuelo, se refugió en su fe con el firme propósito de criar a sus hijos en el seno de la Iglesia.

Edmund, su primer hijo varón, era un niño saludable, hábil y brillante que pronto supo que quería ser doctor. El próximo fue Karol. Ni bien nació, su madre empezó a decirles a los vecinos que el niño sería un gran hombre, un sacerdote. Le enseñó a persignarse y le leía las Escrituras todos los días con la esperanza de ayudar al destino que ella había soñado para él. Dicha inspiración materna duraría bien poco, sin embargo. La mujer debía guardar cama afectada por una inflamación del corazón y los riñones. Un creciente nerviosismo se fue apoderando de ella, quien se fue debilitando hasta terminar por recluirse en el silencio. Falleció el 13 de abril de 1929, cuando Karol tenía ocho años. Poco tiempo después de su muerte, el padre de Karol lo llevó al santuario de María en Kalwaria donde muchos de sus biógrafos creen que el niño se inició en su profunda devoción por la Virgen, quizá como transferencia de su afecto de una madre a otra.

Conocido por sus amigos como Lolek, era un chico intenso, amigable pero con tendencias a ser un solitario. Jugaba de arquero en un equipo de fútbol local y era tan excelente en la escuela que uno de sus primeros maestros diría, "Era lo más cercano a un genio que me ha tocado enseñar." Sin embargo, siempre le tocó sufrir. Su hermano, ya convertido en exitoso médico y a quien el muchacho reverenciaba, moriría el 5 de diciembre de 1932 de escarlatina que se había contagiado de uno de sus pacientes. Lolek tenía entonces 12 años y sus amigos recordaban que había llorado descontroladamente en el funeral, lo cual les había parecido raro dado que el niño no había vertido una sola lágrima a la muerte de su madre.

Los años de su adolescencia los pasó rodeado del cuidado y el cariño de su padre, hombre profundamente religioso que se refugió en su Dios para buscar consuelo a sus sufrimientos y para pedir su gracia para con su hijo. Años más tarde, Juan Pablo II recordaría de su padre, "Día tras día yo veía la austeridad con que él vivía. Era soldado de profesión y después de la muerte de mi madre su vida se convirtió en una constante oración. A veces yo me despertaba en medio de la noche y lo encontraba a mi padre, de rodillas, de la misma manera en que lo veía siempre arrodillado en la iglesia de la parroquia. Los dos nunca hablamos de una vocación para el sacerdocio, sin embargo, su ejemplo fue, en parte, mi primer seminario, algo así como un seminario doméstico."[6]

Hacia finales de su adolescencia buscaría el teatro como lugar donde dar rienda a su talento y a su imaginación. Era conocido entre sus amigos como alguien bohemio, que se había dejado el pelo largo y que se la pasaba recitando poesía que memorizaba página tras página. Uno de sus poemas favoritos versaba, proféticamente, sobre un futuro Papa eslavo. Escrito en 1849 por Juliusz Slowacki, *El Papa Eslavo* permanecería junto a Karol toda su vida llegando a cobrar un inmenso significado una vez que éste cumplió con las esperanzas en él expresadas:

Este Papa—al contrario de los italianos—no temerá . . .
Sino que valiente como Dios mismo, se plantará y peleará—

En 1938, Karol se mudó con su padre a Cracovia donde se inscribió en la Universidad de Jagiellonia, la misma donde el astrónomo Nicolás Copérnico creara su visión del universo y en cuya bien nutrida biblioteca hubiera estudiado Vladimir Lenin. Karol había desarrollado un profundo amor por la literatura e historia polacas y tenía la intención de diplomarse en esas materias. Sin embargo, durante el verano de 1939, él y sus compañeros de estudios supieron la noticia que la Unión Soviética había firmado un tratado de amistad con Adolfo Hitler. Esto significaba que los nazis podían hacer lo que quisieran con Polonia y el 1 de setiembre de ese año, la palabra *Blitzkrieg*— "guerra relámpago"—se incorporaría al vocabulario del mundo como descripción de la veloz y violenta ocupación de la patria de Karol.

Poco tiempo después se cerraban las universidades de Polonia y Karol se vio forzado a trabajar como picapedrero en una cantera. Por las noches ayudaría a fundar una compañía de teatro clandestina cuyo propósito era mantener viva la tradición polaca. En una época cuando el ser descubierto le podría haber costado la vida, Karol actuó en obras patrióticas polacas en salas familiares oscurecidas brindando dramáticos recitados de poemas épicos eslavos.

El 18 de febrero de 1941, al regresar Karol a su casa luego de una larga jornada de trabajo en la cantera se encontró con que aquel hombre al que todos llamaban "el Teniente" había muerto repentinamente y en forma inesperada. El joven se culparía a sí mismo por no haber estado al lado de su padre en sus últimas horas. Sus amigos recuerdan que Karol permaneció solo al lado del cuerpo de su padre rezando durante horas sin moverse, estirado en el suelo en forma de cruz.

Esas horas darían a su vida un giro definitivo. No mucho tiempo después, tocaba a la puerta de la residencia del Arzobispo de Cracovia y le pedía si podía ser sacerdote. Sabía que el Arzobispo tenía a su cargo un seminario secreto así como también que al incorporarse arriesgaba la vida. Aún así, sentía un llamado, un propósito divino que lo había acompañado toda su vida y que había llegado a su madurez a la muerte de su padre.

Aparte de este sentimiento de misión espiritual, pudo haber habido también un motivo patriótico para su elección. Era ampliamente conocido que Adolfo Hitler había dado una orden a uno de sus comandantes en las que se incluían estas palabras: "Los polacos han nacidos para el trabajo servil . . . Cualquier progreso para ellos queda fuera de cuestión. El estándar de vida en Polonia debe mantenerse bajo. Los sacerdotes enseñarán lo que nosotros queremos que enseñen. Si algún sacerdote actúa de otra manera, acabaremos pronto con él. La tarea de los sacerdotes es la de mantener a los polacos callados, estúpidos y cortos de ingenio." Al escuchar esto, Karol Wojtyla debe haber sabido exactamente lo que tenía que hacer.

Pasaría la ocupación nazi como estudiante en un seminario clandestino y como actor en un teatro clandestino. Con el fin de la guerra, la mayor parte de Polonia se encontraba en ruinas y Wojtyla estaba ansioso de ayudar a reconstruir tanto la tierra patria como su espíritu cristiano. Sería ordenado sacerdote el 1 de noviembre de 1946, dando su primera misa el día siguiente para la Celebración de Todos los Santos.

Su ascenso dentro de la Iglesia se vio propulsado por su mente brillante y su valiente oposición al comunismo que tenía atrapado a su país. A los veintiséis años fue enviado a estudiar a la Universidad Angélica de Roma. Durante su estadía allí aprendió sobre la vida de San Juan de la Cruz y se sintió tan conmovido por la misma que cuando regresó a Cracovia después de su graduación pidió hacerse monje Carmelita. Con sabiduría, el obispo le respondió con palabras que serían un lema a través de su vida: *"Ad maiores res tu es"*—"Tú estás hecho para cosas más grandes."

Estas palabras serían atesoradas en su corazón, como también lo sería una experiencia que tuvo en Italia y que al principio no mencionó a sus superiores en Cracovia. De vacaciones, se llegó una vez con un amigo a un monasterio cercano a Nápoles donde el afamado místico Padre Pío con frecuencia hablaba y oía confesión. Cuando el pequeño monje de barba blanca oyó la voz de Karol, cayó de rodillas y profetizó que este joven sacerdote polaco llegaría a Papa un día. Esto había pasado más de treinta años antes de que sus palabras se cumplieran.

Después de sus años en Roma, sirvió en un número de parroquias como sacerdote. Se lo conoció por su afán en el servicio y su amor por la juventud. Con frecuencia llevaba grupos de adolescentes de paseo a la montaña, a practicar canotaje y a acampar durante días. Esto se debía, en parte, a la alegría en sí de hacerlo y, en parte, al cumplimiento de su ministerio. A pesar de que los comunistas no permitían la existencia de movimientos formales de la juventud, el Padre Wojtyla crearía uno propio bajo la apariencia de un simple club social.

En 1958, fue nombrado obispo de Cracovia. En el momento que le llegó la noticia se encontraba en unas de esas caminatas con jóvenes así que dejó a sus pupilos en la montaña para ir a su ordenación. Una vez finalizada la liturgia preguntó si podía regresar con sus jóvenes amigos que lo esperaban en el bosque. Para él, eran más importantes sus jóvenes que su nuevo cargo.

Era quizás bueno que así se sintiera con respecto al status eclesiástico, dado que su ascenso dentro de la Iglesia fue veloz. Luego de convertirse en el miembro más joven de la jerarquía polaca al ser ordenado obispo en 1958, luego fue nombrado arzobispo en 1964 y, en 1967, Pablo VI lo nombró cardenal. Era por cierto talentoso y efectivo, pero parte de la razón de su rápido escalamiento de posiciones se la debió a los cambios que se estaban operando en el clima de Polonia. El mundo oía sobre una "primavera polaca," un ablandamiento en las relaciones con el gobierno comunista, deseando el Vaticano premiar la oposición del Padre Wojtyla al poder comunista a la vez que conferirle un cargo aún más estratégico para ayudar a traer libertad a su patria.

Fue para este entonces que conoció a Joseph Ratzinger. Colaboraron ambos, sin conocerse, en el Vaticano II y luego se encontraron siendo ambos miembros del Sínodo mundial de Obispos, consejo consultor del Papa. Eran ambos adalides anticomunistas—Wojtyla desde su vida en Polonia y Ratzinger desde su experiencia en Tübingen y de su conocimiento de las condiciones reinantes en la Alemania Oriental Comunista. Al conocerse mejor, descubrieron no sólo su unidad doctrinaria sino la agradable combinación de sus personalidades—la simpatía y la mente filosófica de Wojtyla y el genio teológico y la amabilidad y sencillez de Ratzinger.

La transformación de Wojtyla en Juan Pablo II puso de relieve el conflicto entre el cristianismo y el comunismo. Ahora había un Papa polaco, un hombre conocido como ardiente anticomunista que hablaba, de manera nada papal, sobre libertad para los pueblos del mundo. Para dejar bien claro este punto, Juan Pablo regresaría a su Polonia natal en 1979—rechazando el "espíritu de la tiranía," oficiando misa frente a multitudes históricas en aquellos mismos predios donde los mandatarios comunistas habían prohibido la actividad religiosa, y agitando sus manos con alborozo mientras cientos de miles coreaban, "¡Queremos a Dios!"

Su visita a Polonia acicatearía al naciente movimiento Solidaridad, lo cual pudo haberle traído como consecuencia ser víctima de un intento de asesinato dos años más tarde. El 13 de mayo de 1981, cuando se presentaba en la Plaza de San Pedro fue herido de bala por un turco llamado Mehmet Ali Agca. Casi murió por sus heridas. Más tarde, luego de una recuperación casi milagrosa, fue a visitar a Ali Agca a su celda en la cárcel y le ofreció su perdón. En lugar de hacer de su visita un circo para los medios de comunicación, al salir de la celda de su asesino el Papa sólo dijo, "Lo que hablamos tendrá que permanecer secreto entre él y yo. Le hablé como a un hermano al que he perdonado y que tiene toda mi confianza."

Este sería un acto sin precedentes en un líder mundial. Puede, sin embargo, haber habido algo entre líneas. Los servicios de inteligencia italiana habían averiguado que Ali Agca había sido utilizado por la policía secreta rumana que, a su vez, había sido empleada por la inteligencia rusa para matar al más poderoso enemigo de su régimen. Algunos expertos del Vaticano creen ahora que el Papa sabía esto cuando fue a la celda de Ali Agca y al ofrecerle su perdón en realidad les estaba diciendo a los rusos, "Todo está perdonado. Que reine la misericordia." Y, con el tiempo, los muros se vendrían abajo estrepitosamente.

El viaje a Polonia, su nobleza luego del intento de asesinato, e irónicamente, su postura inconmovible en contra de la "cultura de muerte" del Occidente, todo esto lo llevó a la cúspide de la popularidad. Con el correr de los años, se convertiría en "Juan Pablo Superstar," como lo llamaría la revista *Time,* y eso fue mucho antes de que lo llamara "Hombre del Año" en 1994. La gente empezó a concentrar su atención cada vez más en la vida personal de este Papa como nunca antes en ningún otro Papa de la historia. Quedaron maravillados por su intelecto, su humor, la cantidad de libros que había escrito, los ocho idiomas que hablaba, su conmovedora poesía y su asombrosa vitalidad. Parecía estar en todas partes. En verdad, fue el líder mundial que más viajó en la historia.

A veces hasta casi parecía absurdo. Un grupo de caminantes alemanes que bajaban de un alto pico en los Dolomitas escuchó que alguien los saludaba en su idioma natal. Era otro caminante que venía en sentido contrario. Antes que el grupo hubiera caminado otras treinta yardas, uno de ellos se daría vuelta y soltaría el alarido de, *"¡Gott im Himmel!"* "¡Santo Cielo! ¡Ese era el Papa!" Y así era. El pontífice hacía tres horas que había dejado atrás a su cansado grupo de asistentes en un paseo que estaba dando hacia un pico distante.

Fue único en el escenario mundial debido a que parecía poder reconciliar posiciones liberales y conservadoras usualmente consideradas como irreconciliables. Era enemigo acérrimo del aborto, opuesto a la ordenación de las mujeres, y a llamar a la homosexualidad por otro nombre que no fuera el de pecado. Insistiría en la moralidad bíblica. Por otra parte, fue defensor de los pobres, llamó sus "amigos especiales" a los discapacitados, se opuso a las guerras norteamericanas en el Medio Este, y no dudó en reprender al presidente de los Estados Unidos por el castigo con la pena de muerte. Hacía declaraciones que harían temblar a los religiosos conservadores, como: "Puede, por consiguiente, decirse que, desde el punto de vista de la doctrina de la fe, no hay dificultad en explicar el origen del hombre, respecto a su cuerpo, por medio de la teoría de la evolución."[7] Dando un giro completo, sin embargo, se ocuparía de reprender a un obispo sudamericano después que aquél sugiriera que la Iglesia estaba demasiado embanderada con los ricos en contra de los pobres. Para algunos, él profesaba una mezcla de ideologías que resultaba confusa; para otros, lo que él ofrecía era una visión del mundo consistentemente cristiana que se ubicaba fuera de las políticas seculares de la época.

Con el correr del tiempo, sin embargo, tanto su vitalidad como el brillante papel que desempeñara en el escenario mundial comenzaron a apagarse. Había sufrido la rotura de huesos en una caída; se le había practicado, sin mucho éxito, un reemplazo de cadera; y, finalmente se le diagnosticaría le enfermedad de Parkinson. Era el comienzo de un lento deterioro que el Vaticano elegiría no esconder y que, por ende, sería mostrado en todo su padecimiento para dolor del mundo que lo observaba.

Sin embargo, mientras decaía su cuerpo, su mente y su espíritu se mantenían fijos en el final del milenio. Decidió que quería preparar a la Iglesia para un "nuevo trabajo del Espíritu Santo," hacia la renovación que coincidiría con el alborada de una nueva era. Llamó a su iniciativa Jubileo 2000, y comenzó a urgir a su Iglesia para que se arrepintiera, adelantándose al "nuevo soplo de Dios." Él mismo tomó la iniciativa. Les pidió su perdón a los creyentes ortodoxos, a los protestantes y a los judíos por los pecados de los católicos contra ellos. Fue el primer Papa que pediría disculpas por el papel de la Iglesia dentro del Holocausto, el primero en entrar en una sinagoga, y el primero en llamar a los judíos "nuestros hermanos mayores." Hasta visitó el Muro de los Lamentos en Jerusalén colocando una plegaria de arrepentimiento entre las piedras de las ruinas del templo.

Resulta claro que su deseo era la purificación de la Iglesia en preparación al trabajo renovador de Dios. Fue entonces que se harían públicos los escándalos de pedofilia, justo en el momento en que, con la mayor esperanza, él buscaba un nuevo fervor sagrado dentro de su congregación. Esto le rompería el corazón. Soportaría duras críticas de muchos por la manera en que manejó el asunto viendo cómo se desviaba el foco de muchos católicos, alejándose de sus esperanzas pentescostales en la Iglesia del nuevo milenio. Continuaría, impertérrito, en su afán de que el gran día de la unidad y renacimientos cristianos estaba por llegar. Es más, aún desde su lecho de muerte seguía brindando su aliento a las multitudes aglomeradas en la Plaza de San Pedro para que no cejaran en su esperanza y confianza en el Espíritu Santo.

Al transcender Juan Pablo II más allá de este mundo, su

última palabra fue "Amén." Al sentir de muchos, era lo apropiado. Su vida había sido, a su ver, una plegaria para la paz y el renacimiento. Y albergaban la esperanza de que Dios estuviera escuchando.

Otros se sintieron aliviados por este "Amén" dado que estaban ansiosos de que este papado "Superstar" llegara a su fin. Sentían, muy al igual de lo que expresara John Cornwell en su *The Pontiff in Winter* (*El Pontifice en Invierno*), que el legado del Papa fallecido se haría sentir "en las diferentes formas de opresión y exclusión, confianza en el absolutismo papal y en las escisiones antagónicas. Nunca han estado tan divididos los católicos . . . Nunca ha sufrido tanto la Iglesia local en las manos del Vaticano y la sede papal."[8]

Cuando John Ratzinger fue elegido Papa, sabía que el reinado de Juan Pablo había hecho que "las sandalias del Pescador" fueran más difíciles de calzar. Sabía, además, que él no era ningún "superstar," que no tenía un encanto y vitalidad papal que resultara irresistible. Pero comprendió también que había algo más en el legado de Juan Pablo que esa personalidad pública que se había ganado la adoración de todos. Cuidadosamente y por décadas, él y su amigo habían definido una visión de la Iglesia que ahora debía ser protegida. ¿Quién mejor que él? ¡El que se había reunido con Juan Pablo II semana tras semana, quien expandió su dirección doctrinaria, disciplinó a los que se salían de la raya y, con frecuencia, dio formato teológico a las pasiones de Karol Wojtyla? Es por estas razones que, para comprender la clase de Papa puede llegar a ser Benedicto XVI, tenemos primero que comprender la clase de guardián de la fe que fue Joseph Ratzinger como jefe de la policía doctrinaria de su Iglesia.

CUATRO

Ratzinger y la CDF:
Guardando la Sagrada Tradición

Cuando Joseph Ratzinger se convirtió en Benedicto XVI, tanto críticos como admiradores comenzarían a hacer referencia a la Inquisición, referencias éstas que reflejaban los extremos de reacción hacia el nuevo Papa. Aquéllos que le guardaban resentimiento por su implacable defensa de la doctrina católica lo llamaron inquisidor "a la moderna" y "el heredero de Torquemada." Se lo acusó de usar "las tácticas de un torturador medieval" porque había echado a profesores universitarios que se declaraban a favor del aborto o los derechos de los gay y porque había castigado a sacerdotes que enseñaban una mezcla de marxismo y cristianismo. Sus admiradores lo aplaudían por estos mismos actos, mientras que uno de ellos diría por cadena de televisión, "Quizás necesitemos una Inquisición, más bondadosa y amable, para poner en línea a la Iglesia."

Pronto sería obvio que ni los críticos más acérrimos de Ratzinger ni sus más rabiosos admiradores tenían demasiada idea sobre la Inquisición. Dado que el hombre que es ahora Papa estuvo a cargo de lo que alguna vez fue llamado el Santo Oficio de la Inquisición, quizá resultaría de ayuda recordar aquella época de crueldad dentro de la historia de la Iglesia.

Aunque es una cuestión menor, debería sin embargo aclararse de que la Inquisición con la que a veces se lo compara a Ratzinger no fue un acontecimiento medieval. Por lo contrario, tuvo lugar durante el período del Renacimiento. Así que, cuando un joven entusiasta de Ratzinger, por demás anhelante, contestó a la pregunta de un reportero sobre los herejes, diciéndole, "El nuevo Papa les va a dar medieval por el culo," resultaba tan poco correcto históricamente como mal cristiano.

Más allá de cuándo ocurriera, sin embargo, la Inquisición ciertamente representó a la Iglesia traicionando el mensaje de su fundador. Hubo caza de brujas, cámaras de tortura, y crueles conversiones a la fuerza. Estaba el tribunal británico de la Inquisición llamado *Star Chambers,* falsos juicios y brutales represiones. Había quemas, ejecuciones en la horca, calabozos de tortura, inmolaciones, mutilaciones y matanzas sin sentido. Hasta hubo guerras fanáticas, pogromos y purgas. El nombre que quedara más asociado con esta época histórica de pesadilla sería el de Tomás de Torquemada, el primer Gran Inquisidor de España. Era sobrino del celebrado teólogo el Cardenal Juan de Torquemada, confesor de la corte de Castilla, y prior del monasterio dominico de Santa Cruz en Segovia. Famoso por su incorruptibilidad y fervor religioso, fue elegido por el Vaticano como consejero de los soberanos de Castilla y Aragón en problemas que éstos tenían en sus respectivos reinos españoles.

Parece ser que se consideraba que la pureza de la fe en dichos territorios estaba corriendo un grave peligro. Aparentemente, al sentir de las autoridades, "falsos conversos" del Islam y del Judaísmo se habían pasado al cristianismo para provecho puramente material. Las autoridades religiosas temían que dichos conversos fueran, en realidad, "lobos vestidos con pieles de ovejas" que cometerían atrocidades e infectarían de pecado las tierras de Castilla y Aragón. Algo debía hacerse, se justificarían.

Papa Sixto IV confirió poderes a la Reina Isabel de Castilla y al Rey Fernando de Aragón para establecer una investigación formal de estos asuntos. A Torquemada se lo puso a cargo de la comisión. Y ahí fue donde comenzó el problema. Torquemada comenzó a entablar juicios— juicios que eran, en su gran mayoría, burlas a la justicia. El Gran Inquisidor era tan implacable en el celo con que cumplía su tarea que hasta inventó nuevas torturas para arrancar las confesiones que buscaba.

Los que eran acusados de hereje sufrían crueldades inimaginables. Primero se los obligaba a dar su auto de fe, un ritual público de arrepentimiento y humillación. Estaban obligados a llevar un cartel que los identificaba como impostores mientras se los paseaba por los mercados y plazas públicas. Después eran torturados para asegurarse que la suya fuera una confesión "válida." Había instrumentos diseñados exclusivamente para tales momentos. Con los años se irían inventando instrumentos para ensartar por debajo de las uñas, para arrancar la piel de la espina dorsal, para pasar por la garganta plomo derretido o brea hirviendo, para triturar genitales, para romper los huesos lenta y sistemáticamente con la ayuda de grandes tornillos, para arrancar la lengua y para docenas de propósitos más.[1] Finalmente, si los acusados sobrevivían a estos horrores, eran enviados a las autoridades seculares para ser llevados a prisión o a la muerte en la hoguera.

En su cuento "El Foso y el Péndulo" Edgar Allan Poe capturaría todo el terror y la inhumanidad de dichos procedimientos:

Aún al respirar llegaba a mis narices el vaho del hierro candente. Un olor sofocante invadía la cárcel. Un resplandor cada vez más profundo se iba reflejando momento a momento en los ojos que miraban airados mis agonías. Un tinte más rico carmesí se esparició sobre los sangrientos horrores retratados. No podía quedar duda alguna de las intenciones de mis atormentadores. ¡Oh, los más implacables! ¡Oh, los más demoníacos de los hombres! "Muerte," dije, "cualquier muerte pero no la del foso."

De manera similar Dostoyevsky, en *Los Hermanos Karamazov,* muestra el horror del Gran Inquisidor, con "su cara marchita y sus ojos hundidos," enfrentándose al mismo Jesús momentos después que éste resucitara a un niño muerto:

> El Inquisidor todo lo ve; los ve que colocan el ataúd a los pies de Jesús, ve al niño levantarse, y su cara se ensombrece. Frunce sus gruesas cejas grises y sus ojos fulguran con una luz siniestra. Levanta el dedo y ordena a los guardias que arresten a Jesús. Y tal es su poder, tan completamente acobardada la gente en su sumisión y temblorosa obediencia hacia él que, de inmediato, la multitud se abre y deja paso a los guardias, y en el medio de un silencio mortal éstos lo agarran a Jesús y lo llevan al Inquisidor, quien dice: "Mañana te condenaré y te quemaré en la hoguera como al peor de los herejes."

Tales escenas literarias encuentran con frecuencia su rival en los relatos históricos de la ilimitada crueldad de Torquemada y sus seguidores. *El Libro de Mártires,* de Foxe, que apareciera por primera vez a fines del siglo dieciséis, describe horrores similares bajo María la Sanguinaria—reina de Inglaterra y nieta de Fernando e Isabel. De igual manera, *Scots Worthies* (*Escoceses Destacados*)*,* de Howie, publicado en 1781, cuenta la sórdida historia de abusos similares en Escocia. Aunque con frecuencia se exagera el número de víctimas cobradas durante el período relativamente breve de la Inquisición——en realidad debieron ser probablemente menos que tres mil las personas que sufrieron tan enorme penuria en el transcurso de un siglo y medio——fue éste, sin embargo, un tiempo de oscuridad y opresión en la historia de la Iglesia.

Por supuesto que, cualesquiera de las tácticas que pudo haber usado Joseph Ratzinger para controlar lo que él consideraba error doctrinario a la cabeza de la Congregación para la Doctrina de la Fe (CDF), no es él ningún Torquemada, ningún inquisidor, ni ningún torturador en sentido histórico alguno. Es, más bien, un teólogo católico conservador determinado a mantener a raya a su Iglesia, de la misma forma en que lo ha hecho por décadas a instancias de Juan Pablo II.

Al ser nombrado Arzobispo de Munich y Freising en 1977, se le preguntó a Joseph Ratzinger cómo deseaba diseñar su escudo de armas. Por miles de años ya los obispos de Freising usaban blasón con la cabeza de un moro coronado de raza mestiza, mezcla de las razas árabe y berberisca, cuyos ejércitos por siglos habían desolado a España. Nadie sabía exactamente la razón por la cual tal figura agraciaba el escudo de armas del obispo bávaro, sin embargo, Ratzinger conservó el emblema, como explicaría en *Mi Vida,* como "señal de la universalidad de la Iglesia, que no sabe de distinción de razas o clases, dado que todos nosotros 'somos uno' en Cristo."

Ell nuevo obispo deseaba, sin embargo, que su blasón dijera algo más. Decidió entonces agregarle dos símbolos extraídos de leyendas que le eran personalmente de particular significación. La primera era la imagen de una conchilla de mar. La eligió, según explicaría luego, como símbolo de "nuestro peregrinaje" dentro de la verdad de que "No tenemos aquí ciudad duradera." Tenía sus orígenes en un relato que se asociaba con la vida de Agustín, quien aparentemente se encontraba paseando por la orilla del mar un día contemplando el misterio de la Trinidad. Agustín levantó la vista y vió a un niño que jugaba con una conchilla y que intentaba infructuosamente volcar el agua del océano dentro del pequeño orificio de la conchilla. De repente, Agustín escuchó las palabras: "Así como este orificio no puede contener las aguas del océano no puede tampoco tu intelecto aprehender el misterio de Dios." "De esta manera, para mí," explicaría Ratzinger, "la conchilla me dirige a mi gran maestro, Agustín, a mi propia labor teológica, y a la grandeza del misterio que se extiende más allá de todo conocimiento nuestro."

El segundo símbolo que agregó a su escudo de armas venía de la leyenda bávara de San Corbiniano, fundador y primer obispo de Freising. Se cuenta que Corbiniano iba de camino hacia Roma cuando fue atacado por un oso que despedazó a su cabalgadura. El obispo entonces reprendió al oso por su crimen y, como castigo, le exigió que llevara la carga que había llevado el caballo, todo el camino a Roma y recién entonces fue liberado de su penitencia.

Para Ratzinger esto cobraría particular significación después de leer la meditación de San Agustín sobre el Salmo 73:22–23. Las traducciones modernas tienden a resultar en palabras tales como, "Cuando mi corazón estaba perplejo . . . era yo estúpido e ignorante como una bestia torpe frente a ti. Aún así estoy siempre contigo." Agustín entendería la palabra "bestia" en su significado de animal de carga utilizado para trabajos de granja. Por consiguiente, esto hace que la traducción sea "Animal de carga yo soy frente a tí, para tí, y es así precisamente como cumplo contigo." De la manera en que Ratzinger interpretaba esto, Agustín "había elegido la vida de un hombre de letras, pero Dios había elegido convertirlo en 'un animal de carga'—un buey bueno y robusto para tirar del carro de Dios en este mundo . . . Así como el animal de carga es el que está más cerca del granjero, haciendo su trabajo por él, así Agustín está más cerca de Dios precisamente a través de tan humilde servicio—totalmente en las manos de Dios, totalmente su instrumento."

El símbolo del oso llegó a cobrar tal significación para Ratzinger que lo ha incorporado, al igual que a la conchilla de mar, como parte de su escudo papal. Ya para 1977, se había convertido para él en un verdadero retrato de su misión personal. Como concluiría en las palabras finales de su biografía, "He traído mi carga a Roma y he andado por las calles de la Ciudad Eterna por un largo tiempo. No sé cuándo se me liberará, pero una cosa sí que sé: que la exclamación también se aplica a mí: 'Me he convertido en burro tuyo, y exactamente de esta manera soy para ti.' "

Estos símbolos de la conchilla y del oso revelan en profundidad el sentido de humildad y de carga espiritual que tiene Ratzinger. Se trata de un teólogo que, con frecuencia, pasa sus días en la contemplación de su conocimiento de Dios y que, sin embargo, sabe fehacientemente que el hombre es demasiado finito para aprehender plenamente este conocimiento. Servirá a su Señor extrayendo la verdad de Dios, aceptando la realidad de que jamás logrará la perfecta comprensión. También es un sirviente, un "animal de carga," que lleva una pesada carga con la esperanza de que algún día será liberado. Al serlo, comprende que se halla lo más cerca de su Señor cuanto más pesada sea la carga que está llevando, cuando más se esfuerza en la presencia de su Amo.

Aún cuando sea posible que dichos sentimientos sean un mero reflejo del estilo que tiene la jerarquía católica— en donde un alto cargo es considerado como algo contra lo cual se debe rezar para luego ser aceptado con expresiones de no merecimiento—es mucho más posible que Ratzinger esté hablando con el corazón. Lleva en verdad una carga—la carga de haber sido empujado al centro mismo del deber público. Él es, como hemos visto, un hombre que se siente más a gusto en la vida escolástica, en paz entre sus libros y su oración. Aquéllos que han probado esa vida podrán entender por qué aún después de décadas deseaba Ratzinger regresar a ella. A pesar de ello, voluntariamente, sacrifica estos deseos y asume su carga en el servicio de su Señor. Cumplirá con su comisión, con su ministerio apostólico, en la esperanza que esto lo acerque más a su Dios.

Resulta significativo que, ya en 1977, cuando todavía era un flamante arzobispo, consideraba su ministerio como una carga, en la esperanza de que algún día se lo librara de ella. Si esto fuera verdad, la invitación que le hiciera Juan Pablo II en 1981 para colocarse a la cabeza de la Congregación para la Doctrina de la Fe (CDF) debe haberle parecido una orden que lo llevaba a una desdicha mayor. Quizá esto explique por qué Ratzinger rechazó la invitación no sólo una, sino dos veces. Buscaba él la vida del hombre de letras devoto, no la del teólogo guerrero. Esto puede servir también de explicación a su intento de renunciar de la CDF, primero en 1991, luego de una década en su cargo, luego en 1996, y una vez más en 2001.

Ratzinger sabía que desde que el Papa Pablo III estableciera la Sagrada Congregación de la Universal Inquisición en 1542, ésta había sido un lugar de controversia. Aunque su tarea expresa era, de acuerdo a la *Enciclopedia del Catolicismo,* simplemente la de "proteger la fe, proscribir las falsas doctrinas, y defender a la Iglesia de la herejía," su historia, como ya hemos visto, abundaría en conflictos, persecuciones, censura, tortura y ejecuciones. Sería esta misma organización la que habría, con tanta notoriedad, de censurar y más tarde condenar a Galileo por tener la razón sobre la naturaleza del sistema solar. Fue asimismo esta organización la que llevaría un *Indice de Libros Prohibidos* hasta fecha tan reciente como el año 1966. Aún cuando el Papa Pablo VI cambió su nombre en 1965 para conferirle el de Sagrada Congregación para la Doctrina de la Fe, ésta continuaría constantemente embrollada en tormentosas controversias teológicas. Ratzinger sabía todo esto. Es más, fue por decisión suya que se le sacó la palabra "Sagrada" al nombre de la CDF.

Las actuales oficinas de la CDF probablemente decepcionarían a aquéllos que encabezaran el Santo Oficio de la Inquisición en sus días más turbulentos. Están ubicadas justo a la izquierda de la Basílica de San Pedro y detrás de las columnatas de Bernini que rodean la famosa plaza. Es una construcción insípida, como de fortaleza—por lo de las gruesas rejas en las ventanas—llamada el Palacio del Santo Oficio, dentro del cual funcionan las oficinas de unas tres docenas de empleados de la CDF y, hasta poco tiempo atrás, por supuesto también la de Joseph Ratzinger.

Los fantasmas de los inquisidores del pasado se verían

también decepcionados por el mismo Ratzinger. No es, contrariamente a muchos de ellos, un duro interrogador. Por el contrario, aún sus enemigos lo ven como un hombre amable y apaciguador. John Allen, crítico de Ratzinger y autor de *Cardinal Ratzinger: The Vatican's Enforcer of the Faith* (*El Cardenal Ratzinger: Ejecutor de la Fe del Vaticano*) ha escrito del anterior jefe de la CDF que es:

> Según la mayoría, la simpatía en persona. El cabello plateado y los ojos oscuros que en las fotografías parecen mirar tan fijo, tienen un efecto diferente de cerca; parece más bonachón, casi aburrido, de modesta sonrisa. Sin embargo, también es reservado, y prefiere en sus conversaciones usar el *Sie* (usted) formal del alemán al *du* (tú) más familiar, aún con aquella gente que ha conocido durante décadas.

Sin embargo, Allen sostiene asimismo la creencia de muchos en la Iglesia Católica Romana: de que el ejercicio que Ratzinger hizo del poder en la CDF no fue "lo que tuvo en mente Jesús." En lugar de corregir los errores amablemente y de mostrar el camino a través del sagrado ejemplo, según Allen, Ratzinger "trazó líneas en la arena y esgrimió los instrumentos de su cargo contra muchos de aquéllos que cruzaron esas líneas." Lo cual, en su opinión, dejaría "a la Iglesia más lastimada, más dividida que en cualquier otro momento desde la clausura del Vaticano II."

Allen no está solo. Paul Collins, autor de *La Inquisición Moderna,* y él mismo sacerdote hasta entrar en conflicto con la CDF a fines de los noventa, no sólo ha argumentado que Ratzinger abusó de su autoridad como prefecto sino que, además, opina que la organización debe ser abolida. Dice:

Sería grandioso si tuviéramos una Iglesia donde uno pudiera simplemente dejar de lado lo que dicen y hacen los inquisidores como Ratzinger, pero ése no es el catolicismo de hoy. Demasiada gente verdadera está siendo lastimada por sus juegos de poder, y alguien tiene que salir a hablar en su defensa. Si nuestro compromiso con los marginados significa todavía algo, tiene que ser aplicado a los marginados dentro de la Iglesia. Esto significa desafiar a la gente como Ratzinger cuando se niegan a la ordenación de mujeres o cuando les imponen silencio a los teólogos o en alguna otra forma intentan aplastar al Evangelio.

Larga es en verdad la lista de importantes profesores y clérigos que podrían hacerse eco del sentir de Collins. Está, por supuesto, el famoso teólogo Hans Küng, quien, a pesar de haber sido amigo de Ratzinger desde Tübingen y habiendo trabajado con él en el Vaticano II, ha tenido choques con la CDF una y otra vez. También está Leonardo Boff quien, como uno de los líderes en la propuesta de la liberación teológica, ha caído víctima de la ira del Vaticano en más de una ocasión. La lista podría continuar con nombres tales como los de Lavinia Byrne, Jeannine Gramick, Robert Hugent y Tissa Balasuriya.

Quizás el más conocido de aquéllos que se alzaran en contra de la línea doctrinaria de Juan Pablo II—y, por consiguiente, de Ratzinger—fue Oscar Romero, el Arzobispo de San Salvador. A pesar de que muriera antes de que Ratzinger fuera prefecto de la CDF, se ha convertido, sin embargo, en un símbolo de la resistencia a la supuesta intolerancia del Vaticano en décadas recientes. Romero trató de alertar a su Iglesia y al mundo sobre las políticas asesinas del gobierno salvadoreño en la década de los setenta. Sus sacerdotes estaban siendo metódicamente asesinados mientras que los niños de su Iglesia eran secuestrados. Buscó entonces la ayuda de Juan Pablo II. En su lugar, la Iglesia lo acusó de incitar "luchas de clase y revolución." Durante un viaje que hiciera a Roma para responder a estos cargos, Romero fue rechazado por el Papa regresando angustiado a su patria, para ser asesinado un mes más tarde mientras oficiaba misa. Tanto su propia valentía personal así como una popular película que, bajo el título de *Romero,* se hiciera sobre su vida, han hecho de él un símbolo duradero para muchos que se ven enfrentados a las actitudes, a veces insensibles, de Roma.

Historias como la de Romero están en el centro mismo de las divisiones que desgarran a la actual Iglesia Católica. Por un lado están los progresistas, los disidentes, que desean ver una Iglesia más moderna, socialmente más activa. Estos vean a Joseph Ratzinger como alguien que se interpone en el camino hacia la Iglesia Católica que tan desesperadamente necesita la época actual.

Por el otro lado están los tradicionalistas, quienes desean, por sobre todas las cosas, preservar el gran legado doctrinario de la Iglesia. Ratzinger es su héroe, un adalid de la fe en oposición al secularismo inmoral de su época. A pesar de que los medios modernos ven estas escisiones en términes de personalidades, ya sea la de Juan Pablo II o la de Joseph Ratzinger, a decir verdad tienen sus raíces en diferencias teológicas que resultan cruciales para entender no sólo a Ratzinger como jefe de la CDF y como Benedicto XVI, sino también el futuro mismo de la Iglesia.

A veces es difícil para los protestantes y para algunos no cristianos entender las controversias católicas sobre la doctrina. Para los protestantes conservadores, las cuestiones de doctrina se responden simplemente preguntando "¿Qué es bíblico?" A partir del momento en que Martín Lutero pusiera su énfasis en *sola Scriptura*—"sólo por las Escrituras"— durante la Reforma, los protestantes han definido sus posturas doctrinarias mayormente en términos únicamente de la Biblia. La cuestión de lo que es verdad es lo mismo que la cuestión de qué es bíblico. Aunque algunas denominaciones protestantes han ido en una dirección más liberal y modernista, aún ellas se definen a sí mismas de acuerdo a los términos de su interpretación bíblica. Un defensor de los derechos gay dentro de la Iglesia Episcopal, por ejemplo, tratará de basar su caso en los escritos de Pablo. Un proponente del aborto argumentará que la Biblia guarda silencio en la materia y que es, por consiguiente, una cuestión de conciencia da cada uno, como creyente, pero el criterio de prueba de la verdad es siempre la Biblia.

Para los católicos, no es sólo la Biblia sino también la tradición la que debe ser consultada. Dado que la Biblia, como los creyentes la conocen hoy en día, no apareció sino a fines del siglo tercero y dado que fue la Iglesia bajo el mandato del Espíritu Santo la que decidió en qué consistirían las Escrituras—cuáles libros de cuáles autores del siglo primero serían considerados como la autoridad— para los católicos sigue siendo teniendo importancia el que la Iglesia obtenga su sabiduría por orden del Espíritu. Dios ha hablado a través de las Escrituras, sí, pero Dios continuó también hablando a través del concilio, de la tradición, de la Iglesia. En otras palabras, la teología católica enseña que el Espíritu Santo no "escribió la Biblia y luego retornó al cielo" como lo expresara irónicamente un sacerdote, sino que el Espíritu Santo continuó hablando a través de los jefes máximos de la Iglesia misma.

La cuestión para los católicos de cualquier generación es, entonces, si aquéllos que ocupan posiciones de autoridad apostólica—aquellos líderes ungidos que según la tradición siguen los pasos de los apóstoles originales—están siendo dirigidos por el Espíritu Santo. En épocas pretéritas, cuando la idea de vivir bajo el mandato de autoridades humanas era aceptada como parte de la vida, la guía que el Espíritu Santo brindara a los líderes de la Iglesia era cosa también asumida. Hoy en día, cuando reina la democracia y hasta la Iglesia Católica, por lo menos del Occidente, se halla más cerca de la "Iglesia desde abajo" o de la "Iglesia de la teología del pueblo" la misma que temiera Ratzinger como resultado del Vaticano II, no es inusual que los laicos cuestionen la autoridad espiritual de su Iglesia, por lo menos en lo que concierne a ciertas doctrinas.

Esto explica cómo alguien como Charles Curran, quien disintió con la postura de la Iglesia en cuanto a sexualidad, expresada en *Humanae Vitae* a fines de los años sesenta, perdiendo su licencia para enseñar teología en las universidades católicas, pueda seguir insistiendo que "El Santo Oficio no puede endosarse los derechos de autor de lo que significa ser católico." Curran, como muchos católicos disidentes, cree que aún cuando el Espíritu Santo sigue ofreciéndole su guía, la Iglesia, por lo menos en materia sexual, no lo escucha. Lo mismo sucedería con los católicos defensores de la ordenación de las mujeres, de la teología de liberación, del aborto, los derechos de los homosexuales y el matrimonio para los sacerdotes. El Espíritu, dirían ellos, está hablando pero el liderazgo eclesiástico, empezando por Juan Pablo II y Joseph Ratzinger, no está escuchando.

En contraste, los conservadores acusan a los disidentes de hallarse bajo la influencia de los males del mundo, y de promover una mayor democracia en la Iglesia para así plantar dichos males en suelo cristiano. Estos católicos tradicionalistas creen que el Espíritu Santo ha definido ya el cuerpo de doctrina a través de los siglos de historia de la Iglesia. Sostienen que los disidentes católicos están, simplemente, en rebelión y quieren que prevalezca la voz del hombre democrático en lugar de la voz del Espíritu Santo. Juan Pablo II hablaría sobre esto cuando le dijera a Wilton Wynn de la revista *Time,* "Es un error el querer aplicar procedimientos democráticos norteamericanos a la fe y a la verdad. Sobre la verdad no se puede votar. No se debe confundir el *sensus fidei* [el 'sentido de la fe'] con el 'consenso.' "[2]

Joseph Ratzinger lo expresa en forma aún más tajante. En *El Informe Ratzinger,* entrevista con el periodista italiano Vittorio Messori que, en forma de libro, se convertiría en un bestseller católico, se le preguntó si creía que todavía hubiera herejes en el mundo y él respondió, "Existen los herejes y las herejías—caracterizados por el nuevo Código como 'ofensas penalizables contra la religión y la unidad de la Iglesia'—y se han provisto maneras de proteger de ellos a la comunidad." Es este mismísimo concepto—de que se debe actuar con los herejes para proteger la verdadera comunidad de fe—el que lo motivó a Ratzinger durante sus años al timón de la CDF.

Para Ratzinger, la tradición de la Iglesia es una responsabilidad sagrada que debe guardarse con esmero de todo pecado, error, o licencia. Esto es así puesto que "la Iglesia es de Él [de Dios], no nuestra." Tan intensamente siente Ratzinger su tarea que hasta acepta que el Cristianismo decrezca y sea de menor significación cultural si ése es el precio de la pureza. En *El Informe Ratzinger,* dijo como cardenal que entonces era:

> Hoy más que nunca el cristiano debe cobrar conciencia de que él pertenece a una minoría y que está en oposición a todo lo que en apariencia es bueno, obvio, lógico para el "espíritu del mundo," así como lo llama el Nuevo Testamento. Entre las tareas más urgentes que tienen por delante los cristianos está la de recuperar la capacidad de no conformar, o sea la capacidad de oponerse a

muchos de los acontecimientos de la cultura que los rodea.

Ratzinger cree claramente que los disidentes católicos que él ha disciplinado se hallan atrapados por el espíritu de la época. Por el bien de la Iglesia y por el propio bien de ellos, es que él ha tomado acción en su contra. Lo cual, en su opinión, es redentor, dado que "la excomunión . . . debe ser entendida como un castigo correctivo, vale decir, como un castigo que no lo castiga [al hereje] sino que más vale busca corregirlo, mejorarlo."

A aquéllos que lo acusan a Ratzinger de forzar su propia agenda teológica como jefe de la CDF, el eminente autor católico norteamericano Michael Novak les responde que, simplemente, ellos no comprenden el carácter de la doctrina católica. "Juan Pablo II y Joseph Ratzinger no intentaban controlar a los demás con sus propias ideas. Mas bien, ellos actuaban bajo el control de algo en sí mismos, que era la doctrina de la Iglesia. Su única preocupación frente a las nuevas ideas era '¿Qué dicen las Escrituras sobre esto?' y '¿Cuál ha sido la doctrina de la Iglesia?' "[3]

Novak llega a sugerir que la persecución que hiciera Ratzinger de los más altos disidentes tanto eclesiásticos como profesores, desde su cargo a la cabeza de la CDF pudo haber sido calculada para surtir algún efecto. Explicaría esto con un relato sobre Calvin Coolidge, a quien una vez se le preguntó cómo podía mejorarse la presidencia. "*Cool* Cal" (Cal el Audaz) respondió, "Serviría de ayuda si el presidente pudiera asesinar a una persona todos los años." Cuando se le preguntó si con una sola persona bastaba Coolidge replicó, "No, pero todos los demás se preocuparían de que les tocase el turno a ellos y eso cumpliría con el propósito." Lo que quiere decir Novak es que, cuando Ratzinger disciplinó a los mayores propugnadores de ideas peligrosas, pudo haber sido para lograr el efecto de poner a raya a los demás sin que la CDF tuviera que accionar contra ellos.

Los defensores de Ratzinger aplauden la vigilancia que éste ejerce para proteger la verdad. Entre los conservadores—muchos de los cuales se autodenominan "Católicos de Ratzinger"—existe un sentido de gratitud de que hay alguien que está montando guardia contra el modernismo y la herejía en la Iglesia. En lugar de ceder a las tendencias y modas filosóficas, Ratzinger "piensa en siglos" viéndose a sí mismo como guardián doctrinario para las generaciones que vengan después de él.

Ratzinger puede asimismo haber transformado a la CDF en formas que sus críticos no lograron entender. El Padre Agustín Di Noia, consejero teológico para la conferencia de obispos norteamericanos, afirma que Ratzinger hizo cambios en la CDF que los liberales deberían respetar. "Ésta fue, por cientos de años, una de las instituciones más secretas de la Iglesia," insiste. "No puede ser subestimado el hecho de que él la abriera. Sus procedimientos, su personal, todo ello es ahora una cuestión de documento público. Dentro de la nube de controversia que lo rodea, esto a veces se olvida. Él la ha transformado en una oficina muy moderna."[4]

Esta nueva apertura llegaría, sorprendentemente, como resultado, en parte, del manejo de prensa que tenía Ratzinger. El Padre John Rock, que trabajó para Ratzinger en la CDF desde 1990 hasta 1995, recordaría que el prefecto tenía una manera ganadora para con la prensa. En contraste con la reticencia que caracterizó a las administraciones anteriores en la CDF con respecto a la adopción de nuevas ideas, Ratzinger concertaba conferencias de prensa demostrando un manejo asombroso de las filosofías que marcaban la sociedad de la época. "Se reunía con frecuencia con la prensa italiana, ganándose su verdadera simpatía," recordaría el Padre Rock. "Lo respetaban por su franqueza, lo cual no era para nada típico en un obispo de la Curia."[5]

Los católicos conservadores sostienen asimismo que sus críticos no le dan crédito a Ratzinger por aceptar movimientos nuevos dentro de la Iglesia. Por ejemplo, él ha dado su respaldo a la renovación carismática católica que es una combinación de catolicismo con énfasis pentescostal sobre el hablar en lenguas, las curaciones, el culto de expresión y los milagros, tipificados en la cultura protestante norteamericana por gente como Oral Roberts, T. D. Jakes, y Pat Robertson.

Lo cual ha tomado a algunos por sorpresa; a quienes naturalmente esperaban que como teólogo conservador, el Cardenal Ratzinger dejara de lado al desordenado movimiento carismático. En vez de eso, lo ha aceptado. Consciente de que el Papa Juan XXIII rogaba por "un nuevo Pentecostés," ha dicho en *El Informe Ratzinger:*

Su plegaria no fue desoída. En el corazón de un mundo desecado por el escepticismo racionalista, ha surgido una nueva experiencia del Espíritu Santo, que ha tomado las proporciones de un movimiento de renovación mundial. Lo que el Nuevo Testamento describe . . . como signos visibles de la llegada del Espíritu ya no es más meramente historia antigua: dicha historia se está convirtiendo hoy en candente realidad.

Aún cuando Ratzinger ha pedido templanza en el manejo del movimiento carismático—"Es esencial, sobre todo, mantener el equilibrio, de cuidar que el énfasis sea exclusivamente sobre el Espíritu"—también parece regocijarse de que el Espíritu Santo esté actuando de una forma que reemplaza el planeamiento de los jefes de la Iglesia. "Lo encuentro maravilloso que el Espíritu una vez más sea más fuerte que nuestros programas y que entre en juego de manera totalmente diferente a la que habíamos imaginado. En este sentido la renovación, de manera sutil pero efectiva, está en camino."

El líder católico carismático norteamericano Ralph Martin afirma que Ratzinger ha sido, por mucho tiempo, simpatizante de la renovación y que, con frecuencia, se ha dirigido a las conferencias católicas carismáticas. De hecho, durante su época en la CDF, Ratzinger fue el autor de documentos afirmando la postura de la Iglesia sobre el movimiento carismático de manera alentadora y en tono positivo. "Su apoyo a la renovación es tanto como era el de Juan Pablo II," dice Martin, "quizá aún mayor."[6] Como confirmación del apoyo de Ratzinger, Martin cuenta que ya en sus primeros días como Benedicto XVI, el nuevo Papa habló en una conferencia de los católicos carismáticos en Rimini, Italia. "Él es uno de nosotros," según otro miembro del movimiento, "y esto demuestra con seguridad de que él es no sólo un hombre de la verdad sino un hombre del Espíritu, no sólo un erudito sino también un seguidor de Jesús."

Aún cuando resulta improbable que se pueda convencer a los críticos de Ratzinger esgrimiendo esta clase de testimonio puede, sin embargo, ayudar a dar respuesta a los cargos de que su propósito es colocar a la Iglesia en una camisa de fuerza doctrinaria anticuada y constringente. Por el contrario, él se consideraba como guardián de una sagrada tradición, en la creencia de que el fruto de su trabajo no se mide en meses sino en siglos. Su sentido del deber bien puede haber sido captado por el filósofo Jacques Maritain, cuando escribiera, "Lo que es importante no es tener éxito. Lo que es importante es estar en la historia dando testimonio." Es esta carga—este sentido de obligación hacia la verdad histórica—lo que continúa él hoy en Roma. Para él no será, contrario al oso en la leyenda de San Corbiniano, la liberación, dado que ahora él es Benedicto XVI, y permanecerá en Roma y llevará su carga hasta el final de sus días.

CINCO

Habemus Papam: "¡Tenemos Papa!"

Cuando Joseph Ratzinger fue nombrado Papa y eligió ser Benedicto XVI, hubo grandes rumores de que había elegido ese nombre porque el papado del Benedicto anterior sólo había durado siete años. Dado que, a la sazón, él ya tenía setenta y ocho años, algunos creyeron que Ratzinger estaba dando a entender la probabilidad de que el suyo fuera un corto ejercicio de transición a la cabeza de los mil cien millones de católicos romanos de todo el mundo.

Sin embargo, el creer tal cosa es interpretar mal a Joseph Ratzinger. Su vida lo ha formado como hombre de misión, como visionario con un fuerte sentido de lo que su Iglesia debe ser. Lo que es igualmente importante, se trata de un erudito acostumbrado a la cuidadosa reflexión, un historiador que piensa en estratos de tiempo, un hombre de Iglesia que gravita hacia símbolos y señales. No eligió el nombre de Benedicto como promesa de que serviría en sus funciones por un período relativamente corto en forma relativamente inofensiva. En lugar de ello, eligió el nombre como una declaración simbólica de lo que se proponía hacer—y para comprender esto debemos considerar primeramente a algunos de los Benedictos que lo precedieron.

De los jefes religiosos que llevaran el nombre de Benedicto antes que Joseph Ratzinger, algunos eran "anti Papas," considerados por la Iglesia Católica como "pretendientes al trono" mientras que otros llevaron vidas que mayormente se perdieron a la historia. El primero, y dudosamente el más grande, ni era Papa. Había nacido en un pueblito cerca de Roma en 480, en tiempos de la declinación del imperio. De adolescente, dejó los alrededores de Roma en busca de soledad, según un cronista, "para volcarse a sus libros, abandonando la casa y la fortuna paterna, con el único propósito en mente de servir a Dios, buscó algún lugar donde pudiera cumplir con su deseo de realizar su sagrado propósito; y de esta suerte se fue de Roma, bajo las instrucciones de su ignorancia de conocimientos y munido de la sabiduría no aprendida."[1]

Se hizo ermitaño y vivió en una cueva sobre un valle estrecho y sombrío que penetraba en las montañas no lejos de las antiguas ruinas de la infame casa de campo de Nerón. Allí permanecería tres años. A pesar de que buscaba poner distancia del mundo, su reputación de sabio y sus milagros atrajeron buscadores al valle subyacente a su cueva. Con el tiempo, un número de hombres jóvenes se fueron reuniendo a su alrededor y él comenzó a instruirlos en la vida de oración y aislamiento de la sociedad. Mas tarde, construiría doce monasterios en el valle y en cada uno de ellos colocaría a un superior con doce monjes. En cuanto a sí mismo, vivió junto a un puñado de los jóvenes más destacados a los cuales puso bajo su enseñanza directa. Fue de esta manera en que, en el transcurso de sus servicios como padre o abad, desarrolló y puso en práctica su famosa *Regla*.

Esta *Regla,* o guía para la comunidad de la fe, estableció los fundamentos de la vida monástica occidental—y, dio origen, por consiguiente, a la primera gran reforma de la

Iglesia, ofreció el ímpetu espiritual para la diseminación del cristianismo por toda Europa, y ayudó a cambiar la edad del oscurantismo que siguiera a la caída del Imperio Romano. Como el mismo Joseph Ratzinger declarara en ocasión de una entrevista, los monasterios bajo la *Regla* de Benedicto "probaron ser un arca de supervivencia para la civilización occidental."

Aún cuando este hombre, conocido en la actualidad como San Benedicto de Nursia, es recordado como el padre de la vida monástica, es además, quizás indirectamente, el padre de la tradición intelectual de Occidente. Los monasterios que él fundó serían refugios de tranquilidad y oración, lo cual con el tiempo permitiría el estudio y la erudición. Con el paso de los siglos, los Benedictinos que al principio habían cultivado la tierra y cuidado el ganado, comenzarían a copiar manuscritos, preservar los idiomas, y desarrollar vastos sistemas teológicos. A medida que los monasterios se fueron convirtiendo en centros de enseñanza, dieron nacimiento a las grandes universidades europeas, con el propósito de aplicar el credo benedictino de *ora et labora,* "reza y trabaja" tanto a la vida académica como a la de vocación. Dicha tradición escolástica cambiaría la faz de Europa dando al mundo la fuerza transformadora de la educación occidental.

Fue debido a que San Benedicto estableció las bases sobre las cuales se operaría la mayor parte de la transformación de Europa que el Papa Pablo VI lo nombraría "Patrón Protector" de Europa en 1964. No cabe duda de que Joseph Ratzinger tomó como propio el nombre de Benedicto, en parte, para identificarse con este padre del conocimiento y devoción europeos.

Otro Benedicto a quien Ratzinger seguramente eligiera como símbolo de sus esperanzas fue Benedicto II. Poco se sabe de este Papa. Fue elegido en 684, llegando a reinar menos de un año. Sin embargo, durante sus escasos meses en el cargo, se aseguró con un solo acto de que la Iglesia europea disfrutara de una libertad que le permitiría su desarrollo a través de los próximos siglos.

Pasó de esta manera. Para la época del mandato de Benedicto II, la Iglesia en Europa se hallaba bajo el control del Estado Bizantino, con sede en Constantinopla. Esto significaba que todas las decisiones importantes, incluyendo el nombramiento de los clérigos, debía contar con el aval de autoridades que gobernaban a miles de kilómetros de las capitales de Europa. Benedicto II obtuvo un decreto del emperador bizantino ya sea aboliendo los avales imperiales en sí o permitiendo que se los obtuviera de las autoridades de la Iglesia en Italia. Como resultado de este acto en apariencia insignificante la Iglesia Cristiana de Europa se liberó del control bizantino—y con él, de los vestigios del mundo antiguo—lo cual le permitiría prosperar en los siguientes siglos.

En razón de este acto histórico, Benedicto II sería más tarde declarado también como santo patrón de Europa. Una vez más, Joseph Ratzinger, ansioso de trabajar para la renovación cristiana en Europa, debe haberse inspirado, por cierto, en la vida de este Benedicto al momento de elegir su nombre papal.

Otra de sus fuentes de inspiración debe haber sido Benedicto XV, quien fuera Papa durante la Primera Guerra Mundial. Aún cuando su reinado fue de sólo siete años, se lo recuerda por su noble esfuerzo por dar término a los horrores del conflicto mundial. Consciente de que esta "guerra para terminar con todas las guerras" podría causar la destrucción del legado de Europa, se abocaría a la mediación por la paz. Propuso así una "Tregua Navideña" en 1914 para evitar, según diría, "el suicidio de Europa." Las facciones en combate se rehusaron a oír su llamado, llevando a cabo tratados secretos que obligarían a los aliados a pasar por alto las iniciativas de paz del Papa. Todo lo que le quedaría a Benedicto XV por hacer era movilizar a su Iglesia para cuidar de los heridos y de los desposeídos. A pesar de ello, fue un buen pastor para su rebaño, un pontífice que trató de usar su poder para salvar a su amada Europa de la auto destrucción.

No es difícil de imaginar que dicho legado tuviera un cierto peso en su mente cuando Joseph Ratzinger eligió su nombre papal. En San Benedicto, tenía un modelo de devoción y conocimiento, que había sentado las bases para la Europa cristiana. En Benedicto II, tenía el ejemplo de un valiente hombre de estado que había asegurado la libertad religiosa europea y, en Benedicto XV, tenía la imagen de un profeta en la política que intentara salvar a Europa de la devastación de su alma.

Dada su intención declarada de convocar a Europa a su antigua gloria cristiana, de defender la libertad religiosa en el mundo, y de trabajar para terminar con las guerras de esta generación, resulta claro que Joseph Ratzinger alberga la esperanza, como lo hiciera Benedicto XVI, de extender el legado histórico de su nombre de elección. Más aún, puede ser que desee utilizar el nombre como medio de llamar al espíritu de los Benedictos cuya visión trata él de cumplir ahora.

A las 9:37 de la noche del 2 de abril de 2005, se elevaban los sonidos de una misa especial en la Plaza de San Pedro en Roma hacia las habitaciones más altas del Palacio Papal del Vaticano. Según narraran varios testigos, el rumor rítmico de la multitud de allá abajo—"Señor, escucha nuestra plegaria"—llegaba a los oídos del moribundo Papa Juan Pablo II. Girando la cabeza levemente hacia la ventana de donde llegaban las voces, susurró roncamente "Amén." Esta fue la última palabra que diría en esta vida.

Luego que el médico personal de Juan Pablo, el Dr. Renato Buzzonetti, confirmó el fallecimiento del pontífice, comenzarían las antiguas tradiciones. Se colocó un ligero lienzo blanco sobre la cara del Papa. El *camerlengo,* o chambelán—cuya función es la de presidir la Iglesia entre Papa y Papa—repitió suavemente el nombre de pila de Juan Pablo, Karol, tres veces. Naturalmente, no recibió respuesta. Eclesiásticamente se hacía oficial: el Papa había muerto. Se le quitó el anillo. Este sería destruido en un ceremonial más tarde y sus trozos colocados en el ataúd. El Arzobispo Leonardo Sandri se dirigió entonces al balcón de la basílica y anunció a la muchedumbre que colmaba la Plaza de San Pedro que, "El Papa ha regresado a la casa de su Padre."

De inmediato, la gente de la prensa internacional se empezó a preguntar si se habían usado algunos métodos tradicionales para confirmar la muerte del Papa. ¿Había habido un cardenal que sostuviera una vela frente a la boca del Papa para fijarse si no titilaba? ¿Alguien había golpeado suavemente su cabeza con un martillo de plata? Las autoridades del Vaticano aseguraron que ya no se usaban esos métodos. No, todo era mucho más simple que eso. Una vez que se hiciera el anuncio de la muerte de Juan Pablo, se sellarían las puertas de sus departamentos papales con cintas y cera roja hasta que se eligiera al nuevo Papa.

El Vaticano, que había anticipado con gran antelación el fallecimiento de este Papa, pareció estar bien preparado. Se anunciaron inmediatamente los nueve días de luto tradiciones denominados los *novemdiales*. El funeral tendría lugar el 8 de abril, según fuentes oficiales, al término de un velatorio público de cuatro días bajo la cúpula de la Iglesia de San Pedro. El 18 de abril comenzaría el cónclave que elegiría al nuevo Papa. Como declarara el vocero papal Joaquín Navarro-Valls en una conferencia de prensa, "Estamos preparados. Hacemos bien este tipo de cosas."

Por bien preparado que estuviera el Vaticano, no pudo haber estado preparado para la expresión de congoja mundial que sobrevendría. En el transcurso de los días anteriores al funeral se estima que cuatro millones de personas se agolparon en la Plaza de San Pedro, transformando el sitio santo en una escena que algunos compararían con Woodstock. La gente en su pena lloraba, cantaba y se abrazaba con otros desconocidos que, embargados por el dolor, se sentían como viejos amigos que se reencontraban después de mucho tiempo. Los sacerdotes tuvieron que oír confesión ahí mismo y que se le pidiera constantemente que contaran anécdotas de "il Papa." Jóvenes de las nacionalidades más variadas se reunían en grupitos, encendían velas y cantaban canciones o rezaban el Ave María. Al entrevistar a una de estas adolescentes, descubriría el reportero que ella era protestante. ¿Por qué rezaba entonces el Ave María? "Es que quiero ser parte de su vida," respondería, haciéndose eco del sincero clamor de millones.

En un artículo de Kathleen Parker en *USA Today* se sugeriría que esta ola de sentimiento se debía a la necesidad que adolece el mundo de tener un padre. Dado que, según se estimaba, el 70 por ciento de la gente que colmaba la Plaza de San Pedro eran jóvenes, Parker sugeriría que "Si se es hijo de una familia separada, quizás una sin padre—o si se es un adulto fascinado por lo que resulta una rara valentía moral—un Papa doctrinario y ortodoxo les debe parece lo mejor que hay. Hasta, quizás, un regalo del cielo." Algunos comentaristas estarían de acuerdo. Otros insistirían que esta asombrosa oleada de emoción constituía una señal del interés de la nueva generación por la fe. Se expondrían aún otras teorías todavía, aunque no parecía importar de una manera o de otra. Cualquiera que fuera la causa, en momentos el Vaticano se sentía casi abrumado. Tanto los sermones como los anuncios al público eran a menudo interrumpidos por las multitudes que coreaban *"¡Santo! ¡Santo!"* pidiendo que al Papa polaco se lo declarara santo.

Cuando el funeral llegó a su fin y el cuerpo de Juan Pablo II fue sepultado en la abovedada cripta subterránea de San Pedro—en una tumba que fuera alguna vez ocupada por Juan XXIII—la atención del mundo se volvería hacia el asunto de un nuevo Papa. ¿Qué clase de hombre elegirían ahora los cardenales? ¿Cifrarían sus esperanzas en conseguir un nuevo "Superstar" o tratarían de encontrar a alguien que no hiciera tanto barullo? ¿Se atreverían a elegir un Papa del Tercer Mundo? ¿Alguien quizás menos rígido y no tan de vieja escuela?

Algunos observadores del Vaticano contaban con que la misma fuerza de la popularidad de Juan Pablo II haría que los cardenales se apresuraran a buscar a algún sucesor que fuera aún menos tradicionalista, alguien cuyo atractivo popular sobrepasara a la del mismísimo Juan Pablo II. De ser esto verdad, el candidato con mayores probabilidades era Francis Arinze de Nigeria. Su sonrisa espontánea y su amable inteligencia ya lo estaban convirtiendo en una figura querida en Roma. Era de conocimiento público que éste se había criado dentro de una religión tribal africana hasta que eligió, por voluntad propia, a los nueve años, convertirse a la fe católica romana. Entró a un seminario preparatorio a los quince años y fue ordenado sacerdote once años más tarde. Probó ser un líder asombrosamente efectivo. Durante su período como arzobispo de Onitsha—cargo al que ascendiera luego de haber sido el obispo más joven del mundo—el número de católicos en ese lugar llegó casi a duplicarse.

A pesar de esto, aún aquéllos que estaban deseosos de tener un Papa del Tercer Mundo estaban preocupados de que la Iglesia de Roma no estuviera preparada para que un hombre de descendencia africana ocupara el trono del San Pedro. Su elección de una figura no europea atractiva a la cultura popular sería Oscar Maradiaga, arzobispo de Tegucigalpa, Honduras. Conocedor de ocho idiomas y con diplomas en filosofía, teología, psicología clínica y psicoterapia, Maradiaga había sido ordenado en 1970 e instalado como obispo ocho años más tarde. En 1993, Juan Pablo lo había nombrado arzobispo.

Su atractivo se debía en parte a que sólo tenía sesenta y dos años, diez años menos que Arinze, pero también en que era . . . simpático. Con frecuencia contaba de cuando de niño coleccionaba revistas del Ratón Mickey y del Pato Donald. Tocaba el saxo, le encantaba el jazz, y tenía tal pasión por la aviación que llegaba a ser ésta casi una adicción. No sólo piloteaba su propio avión sino que hasta se había construido un modelo de cabina de avión en la casa, en la misma en que guardaba más de trescientos avioncitos modelo que él mismo había armado. Maradiaga tenía atractivo asimismo por ser un conservador del tipo de Juan Pablo II pero con una perspectiva tercermundista.

Comprendía que los teólogos de liberación de América del Sur y Central no habían tenido el propósito de denegar la fe, como sostenían algunos en Roma. Lo único que ellos querían era la justicia para los pobres. Criticaba, asimismo, a los Estados Unidos por exportar a sus vecinos nociones liberales sobre el aborto y la anticoncepción. Era ésta una opinión que compartía la mayoría de los cardenales electores, así como lo era la creencia de que había llegado la hora de tratar la cuestión de la asistencia en la deuda que pasaba sobre el Tercer Mundo.

Muchos expertos del Vaticano pensaban, sin embargo, que el cónclave nunca elegiría un Papa del Tercer Mundo. Los cardenales italianos votarían en bloque para evitarlo, según observaban. De suceder esto, la opción más probable sería Dionigi Tettamanzi, Arzobispo de Milán. A veces descripto como "el Juan Pablo II italiano," Tettamanzi era conservador, moralista y encantador. Había despotricado contra el juego en Italia—"El hombre no ha sido hecho para los juegos; los juegos han sido hechos para el hombre"—poniéndose del lado de Juan Pablo II en materia de homosexualidad, mujeres sacerdotes y anticoncepción.

A los 71 años, Tettamanzi era lo suficientemente anciano como para asegurar que no se repetiría otro papado de veinticinco años pero todavía a una edad como para esgrimir un estilo ganador para con el público. De baja estatura y ancho de talla, no muy distinto de Juan XXIII, no se ofendió cuando en 1999 un cardenal escocés sugirió que carecía de la dignidad suficiente para ser Papa con una expresión que se haría famosa "¿Quién es el gordito?" Le encantaba entremezclarse en la multitud y seguirle el juego a la prensa. Cuando visitó la pista de carrera de Monza, terminaría manejando el Mercedes rojo de Ivan Capelli unas cuantas vueltas. Contaría más tarde que, a menudo, manejaba su auto propio a mucha más velocidad por las calles de Milán. A los italianos locos por las carreras les encantó. La prensa italiana sacaría gran provecho del hecho de que Tettamanzi era el único candidato papal cuya madre podría entrometerse en los asuntos del Vaticano si resultaba elegido: con noventa y cuatro años en ese momento, la señora aparecía con frecuencia en fotos y entrevistas.

Había, sin embargo, otros candidatos que podían aprobar los italianos. Angelo Sodano, italiano y versión vaticana de primer ministro, era el más destacado entre ellos. Muchos lo recordaban como el que había incorporado las palabras "Juan Pablo el Grande" a una misa de réquiem. La multitud expresó su júbilo a la mención de su héroe y la candidatura de Sodano pasó a ocupar un lugar central como consecuencia de ello. También estaba el Cardenal de Viena, Cristoph Schoenborn, que se ganó el elogio general cuando manejó un escándalo de abuso sexual que conmoviera a su diócesis, ofreciendo sinceras disculpas mucho antes de que el propio Vaticano reconociera que existía problema alguno. Muchos pensaron que sería él el hombre adecuado para liderar una Iglesia transida por el escándalo.

Notablemente ausente de la mayoría de las listas de *"papabili"*—"papables" en italiano informal—quedaba el Cardenal alemán Joseph Ratzinger. A pesar de ser, incuestionablemente, el funcionario más poderoso de la Iglesia Católica Romana de Juan Pablo II, los expertos no lo podían imaginar como Papa. Peter Hebblethwaite, en su profético manual *El Próximo Papa,* explicaba el por qué:

Están tan acostumbrados a verlo como al lobo malo de la nueva Inquisición—técnicamente el prefecto de la Congregación para la Doctrina de la Fe—que no se lo pueden imaginar en ningún otro trabajo. Para algunos la idea misma es demasiado terrible de considerar—que juzgado como responsable de tantos de los controvertidos actos de este papado pueda algún día suceder a éste. Ratzinger ha absorbido mucho del odio que los católicos, que en su fuero interno siguen leales a tu Padre Sagrado, desean desviar del propio Juan Pablo. Tenerlo como Papa resultaría en disensiones inconcebibles, según la sabiduría popular. Además, la gente esgrime, con manotazos de ahogado, él es demasiado viejo.

Sorprendentemente, la única fuente de aliento para el papado de Ratzinger pareció ser la de los levantadores de apuestas. Dos días después de la muerte de Juan Pablo II, uno de los sitios de juego más populares en la Internet, Paddypower.com, mostraba a Ratzinger como favorito por 7–1. Para cuando se reunió el cónclave, iba sólo detrás de Arinze por 11–1 en lo que fue el mayor evento no deportivo en la historia del sitio. Nadie más parecía estar tomando tan seriamente a Ratzinger.

El factor en que muchos fuera del Vaticano no se habían percatado sería, sin embargo, la existencia de corrientes subterráneas que trabajaban a favor de Ratzinger. A pesar de su edad y de su frágil salud, Juan Pablo II se había esforzado en los últimos años de su vida por nombrar muchos cardenales nuevos. A su fallecimiento, todos salvo dos de los 117 cardenales votantes habían sido nombrados por él. Eran, por consiguiente, conservadores y estaban ansiosos de extender el legado de su benefactor.

Lo que es más, muchos de los cardenales más liberales ya habían pasado el límite de edad de votar, de ochenta años. Para cuando se reunió el cónclave, quedaba sólo Carlo Martini para defender la perspectiva liberal, y aún su influencia estaba declinando. En 2002, el Papa lo había enviado a Martini, que tenía problemas de salud, a Jerusalén para dedicarse a su pasión por la erudición bíblica. Esto lo sacaba de su base de poder en Milán. Por contraste, el Papa lo mantuvo a Ratzinger en Roma y a la cabeza de la poderosa Congregación para la Doctrina de la Fe. Los cardenales del mundo tomarían debida nota de ello.

Se daría asimismo una aparente transformación en el estilo personal de Ratzinger. Según todos los relatos, éste podía llegar a ser horriblemente seco, tanto en personal como en público. Uno de los cardenales adujo que temía que la bandera del papado de Ratzinger diría, en un juego de palabras que en el original reza *"The blind leading the blind"* ("El ciego guía a los ciegos"), transformándole en *"The bland leading the bland"* ("El insípido guía a los insípidos"). Ratzinger y sus seguidores comprendieron las señales y se pusieron a trabajar para hacer cambios. En un funeral en Milán sólo unas semanas antes de la muerte de Juan Pablo II, dieron discursos tanto el popular Tettamanzi como Ratzinger, con frecuencia tan mesurado. En un apasionado e inspirado panegírico dado sin necesidad de mirar anotaciones, Ratzinger conmovió de tal forma a la multitud que ésta prorrumpió en aplausos al final. Cuando Tettamanzi se vio forzado a seguirlo, habló tan laboriosamente, lo cual no era característico en él, y de notas aparentemente desorganizadas, que al terminar sólo se hizo un silencio sepulcral.

La transformación de Ratzinger continuaría. Sus sermones seguían mejorando y resultó ampliamente reconocida su nueva comodidad frente a las multitudes. De repente parecía estar en todas partes. No sólo se ocuparía de dar la homilía del Viernes Santo cuando Juan Pablo yacía moribundo sino que hablaría también en la primera de las misas *novemdiales,* en las reuniones diarias de la congregación de los cardenales, y en la misa previa al cónclave, donde pareció dar un esquema de lo que sería la dirección a tomar para el futuro de la Iglesia.

"Nos estamos dirigiendo," declararía justo antes del cónclave del 18 de abril, hacia "la dictadura del relativismo . . . en la que no se reconoce nada definido y sólo nos deja con nuestro propio ego y nuestros deseos propios como medida final." Insistiría en que el mundo moderno ha saltado "de un extremo al otro: del marxismo al liberalismo, al libertinaje; del colectivismo al individualismo radical; del ateísmo a un vago misticismo religioso; del agnosticismo al sincretismo y así, indefinidamente."[2] ¿Su respuesta frente a un panorama tan perturbador? Una Iglesia segura, que tome por asalto el futuro con un claro conocimiento de sus tradiciones así como de su época.

Muchos consideraron eso como una manera de Ratzinger por conseguir el cargo. Lo que no pudo haber sabido el mundo era que él estaba dando el tono exacto que los cardenales necesitaban oír. Escasos días antes había circulado por el Vaticano un documento de diez páginas concerniente a la mala conducta sacerdotal en el ámbito mundial. "Después de leerlo, tuve miedo de que se me detuviera el corazón," le dijo a la Agencia France-Presse un cardenal anónimo. El documento resaltaba una "falta de coherencia" de muchos prelados y daba ejemplos de mala conducta sexual y financiera de sacerdotes así también como de violación del secreto de confesión.

Muchos cardenales estaban al borde de la desesperación. Ratzinger se dio cuenta y decidió utilizar su discurso pre cónclave para demostrar que él era el líder que la Iglesia claramente necesitaba. "Cuánta suciedad existe en la Iglesia," amonestaría, "aún entre aquéllos que, en el sacerdocio, deberían pertenecerle por completo a Él. Cuánto orgullo, cuánto amor propio."[3] Ratzinger hizo a continuación un llamado a la Iglesia hacia una nueva santidad, pasión por la verdad y amor a la humanidad. Fuentes del Vaticano dirían más tarde a *La Stampa* que "su llamado tuvo un profundo impacto en sus cardenales colegas. Algunos llegaron a relatar que se había realizado un primer recuento de partidarios de Ratzinger ni bien terminada la homilía.

A medida que los cardenales entraban en cónclave más tarde ese mismo día, el mundo vería algo de la ciencia electoral papal. Los cardenales se reunirían a puertas cerradas. Hasta que hicieran su elección, su única comunicación con el mundo sería la columna de humo que se levantaría sobre la Ciudad del Vaticano al quemarse las cédulas electorales después de cada votación: el humo negro significaría sin decisión, mientras que el blanco significaría que había llegado el momento de anunciar *"Habemus Papam"*—"¡Tenemos Papa!"

Los cardenales se reunieron en la Capilla Sixtina bajo la obra magna de Miguel Angel, tan digna de admiración. En su testamento, Juan Pablo II les había encomendado a los cardenales que, mientras se dedicaban a su tarea, tuvieran en cuenta las lecciones que les ofrecía dicha obra de arte. Cuando llegara el momento de votar, ya cada cédula electoral vendría impresa con las palabras *"Eligo in Summum Pontificem"*—"Elijo como Sumo Pontífice . . ." Para conservar el secreto de su voto, se les pidió a los cardenales que disfrazaran su letra.

Habiendo escrito el nombre de su candidato y doblado dos veces su cédula electoral, los cardenales irían avanzando de a uno hacia el altar, levantarían en el aire su cédula electoral y pronunciarían el juramento: "Llamo como testigo a Cristo el Señor, quien será juez de que mi voto es dado a aquél que frente a Dios creo que debería ser elegido." Cada cardenal colocaría luego su cédula electoral sobre una patena y lo volcaría dentro de un cáliz sobre el altar. A continuación los votos serían contados, anunciados y finalmente quemados.

A pesar de hallarse compelidos los cardenales a mantener en secreto el proceder del cónclave, bajo amenaza de excomunión, algunos detalles del cónclave del 18 de abril saldrían, sin embargo, a la luz. Para la mayoría de los cardenales, antes de llegar a Roma, Ratzinger no era considerado como el candidato más probable. Sin embargo, con sus apariciones frente a los medios, la erudición de sus homilías y su creciente atractivo popular se había ya convertido, para cuando se reunió el cónclave, en el hombre a vencer. Como diría un cardenal a la revista *Time:* "No se trataba de que él quería el puesto. No lo quería, sino que sus hermanos cardenales lo habían visto oficiar una importante misa y, observándolo vieron que en él algo había cambiado, casi como si ya hubiera ascendido a un nuevo nivel."[4]

El Cardenal Martini, que había regresado a Roma de Jerusalén, intentó organizar una oposición liberal contra Ratzinger. No se veía a sí mismo como candidato pero sí quería retardar el ímpetu con que se adelantaba Ratzinger como para dar tiempo a que otras figuras menos conservadoras pudieran ganar terreno. En la primera votación,

Ratzinger estaba claramente a la cabeza, mientras que Martini mostraba un respaldo respetable y el resto de los votos se repartían entre varios candidatos italianos. Dos cardenales dejaron sus votos en blanco.

Con anterioridad al cónclave, los analistas habían dicho que los veinte cardenales italianos elegibles formarían un bloque digno de observar. Podrían elegir un Papa italiano o podrían dar un vuelco a la elección hacia dónde ellos quisieran. Sin embargo, no mucho después de reunido el cónclave, quedaría claro que los italianos no estaban votando en bloque. Casi la mitad ya se había declarado a favor de Ratzinger. Lo mismo ocurriría con el bloque latinoamericano de veinte miembros en pleno, quienes se mostraban en solidaridad con la visión tradicionalista de Ratzinger.

El martes, segundo día del cónclave, Martini se retiró de la contienda. Los liberales, desesperados por detener a Ratzinger, dieron su apoyo a Jorge Bergoglio de Buenos Aires, sin ni siquiera percatarse de que, según fuentes internas, él ya estaba del lado de Ratzinger. Para la segunda votación, Ratzinger obtenía sesenta votos, todavía por debajo de los setenta y siete requeridos. La fuerza de su impulso, sin embargo, resultaba innegable y, para la cuarta votación a última hora del 19 de abril, había ganado 95 de los 115, una abrumadora afirmación.

El Cardenal Murphy-O'Connor miró hacia Ratzinger cuando ya parecía cierto hacia dónde se encaminaba la votación y vio que "mantenía la cabeza baja. Debe haber estado diciendo una plegaria." Más tarde Ratzinger insistiría que había rezado, "¡Señor, por favor no me hagas esto!"[5] A pesar de ello, cuando se le preguntó qué nombre asumiría, no esperó los diez minutos que por tradición se dejan transcurrir como si la idea de ser Papa nunca se les hubiera ocurrido. De inmediato respondío "Benedicto XVI." "Lo cual resultó un alivio," según dijera uno de los cardenales a un noticioso televisivo. "No iba a jugarla de novia sonrojada cuando ya hacía algún tiempo que sabía que podía resultar elegido."

Cuando se lo anunció como el nuevo Papa desde el balcón de la basílica, la Plaza de San Pedro explotó en vítores. Joseph Ratzinger, ahora Benedicto XVI, dio un paso hacia delante y comenzó a saludar con alborozo en respuesta al clamor de la multitud de allá abajo. El Cardenal norteamericano de Chicago, Francis George, que lo estaba mirando de cerca, diría luego, "Sabe, estamos convencidos que la Gracia viene con el cargo. Cuando él salió al balcón y comenzó a agitar sus brazos, yo pensé, '¡Funciona! Yo nunca le he visto hacer estos gestos antes!' "[6]

Le siguieron las primeras palabras como Papa. "Queridos hermanos," dijo, "después del gran Papa Juan Pablo II, los cardenales me han elegido a mí—un simple, humilde obrero de la viña del Señor. El hecho de que el Señor pueda trabajar y actuar aún con medios insuficientes me consuela y, sobre todo lo demás, me encomiendo a vuestras plegarias. Me encomiendo a vuestras plegarias." Extáticas, las masas comenzaron a corear: "Benedicto, Benedicto!"

En sólo minutos, el mundo quedó obsesionado con la historia del callado hombre de letras alemán que se había convertido en Papa. El que hubiera sido integrante de la Juventud de Hitler preocuparía a algunos. El que hubiera comandado la CDF con tanta agresividad en contra de la disensión dentro de la jerarquía católica preocuparía a muchos más todavía. Otros, sin embargo, estaban más fascinados por su cariño por los gatos, por el piano, y por la cerveza bávara. Fuentes del Vaticano contaban sobre su ética de trabajo, de cómo podía llegar a escribir doce horas seguidas sin comer o dictarle a su secretario veinte páginas sin un solo error. A los reporteros les encantaba ahora hablar de las dificultades que tenía con la tecnología moderna, de cómo nunca había manejado un auto, cómo se sentía intimidado por la computadora y como sabía tener algunos desacuerdos con su tostadora.

Las anécdotas sobre Ratzinger inundaban las salas de prensa alrededor del mundo. Los bávaros contribuían con relatos de cuando él había aceptado una invitación a cenar que le extendiera espontáneamente una señora que vendía espárragos sobre la vera del camino. De cómo el cardenal pronto se encontraría sentado frente a una sencilla comida familiar con niños correteando alrededor de él— y con qué alegría lo había disfrutado. El administrador de un hospital en la India contaba haber enviado por correo un pedido de ayuda financiera recibiendo como respuesta un cheque personal de Joseph Ratzinger por veinte mil marcos alemanes. Al expresarle el administrador su gratitud, el Cardenal le respondió, "Querido Rev. Padre, al enviarle esta pequeña ayuda sólo he cumplido con mi obligación cristiana."

Algunos de los cuentos que empezaron a circular rayaban lo absurdo. De acuerdo a uno de estos cuentos— que luego probó ser cierto—el Casino Golden Palace de

Austin, Texas, compró un Volkswagen Golf en eBay que supuestamente había pertenecido, en algún momento, al Cardenal Ratzinger. El casino compró el auto por unos $244.000 en una subasta que atrajo a más de ochenta y cuatro millones de visitantes a eBay en el término de diez días. eBay es el mismo sitio de la Web que también hubo ofrecido a la venta un sándwich de queso a la parrilla que llevaba la imagen de la Virgen María y un trozo de pollo que se parecía a Juan Pablo II. El Vaticano daría, por toda respuesta, que Ratzinger nunca había sacado permiso de conducir y que, por consiguiente, no pudo haber manejado dicho auto.

Pero la historia que más hondo le debe haber llegado al corazón del nuevo Papa fue la de cuando su hermano salió en su defensa. Georg, al momento un anciano sacerdote de ochenta años, terminó por cansarse de tanta especulación sobre el pasado nazi de su hermano. Rompiendo con su negativa, ya de larga data, de hablar con la prensa, hizo lo que hacen con frecuencia los hermanos mayores y salió a la defensa de Joseph. "¡Pamplinas!" respondió cuando se le preguntara sobre las conexiones nazis de su hermano. "Alguien que se pone a escribir algo así es porque necesita escribir algo y alguien que escribe eso . . . no entiende la época como era." Entusiasmado en el tema, Georg insistiría, "Él [Joseph] no tuvo opción. O entrabas o te fusilaban. Era un régimen brutal. Era una dictadura inhumana." Cuando las palabras de Georg se transmitieron en el mundo, se calmó el revuelo que había, en su momento, causado la participación de Joseph Ratzinger en la Juventud Hitleriana y el anciano sacerdote, después de haber salido en defensa de su hermano menor, regresó una vez más a su vida de seclusión.[7]

Las pocas noticias que el Vaticano tenía para dar en lo concerniente al nuevo Papa resultaban insuficientes para responder a la demanda mundial de información. Gran parte de las declaraciones oficiales se ocupaban de asuntos triviales. Se anunció que Benedicto XVI había pedido que le instalaran un piano en los departamentos papales, lo cual sería comparado con la instalación de una piscina para Juan Pablo II durante sus primeros meses en el cargo. Se daban también comentarios oficiales respecto de una gran carrera en el ámbito mundial en busca de los libros de Ratzinger y de cómo, en algunos mercados, Ratzinger estaba vendiendo más aún que *Harry Potter*. Pero la mayoría de los anuncios del Vaticano daban, sin embargo, poco de la información de fondo o de la perspectiva que el público exigía sobre la vida de Ratzinger. Hasta la misma biografía oficial del nuevo Papa, que el Vaticano publicara en su sitio en la Web dos semanas después de su elección, resultaba poco satisfactoria. Extraída obviamente de alguna introducción académica que el mismo Ratzinger habría escrito, la primera oración decía, "Nací en 1927 en Marktl, en Baviera del Norte." La segunda oración de la biografía seguía con, "Cursé mis estudios de filosofía y teología inmediatamente después de la guerra, desde 1946 a 1951." La narración continuaba con la descripción de la vida académica de Ratzinger sin mencionar a sus padres, a sus hermanos, su infancia, Baviera, sus costumbres personales o cualquier anécdota que pudiera granjearle al nuevo Papa el cariño de un público impaciente.

La mayor parte de lo que el público sabría sobre Benedicto XVI le llegaba de sus sermones y declaraciones públicas. Era su intención extender el legado de Juan Pablo II, dijo. Combatiría en contra del aborto, mantendría la línea en contra de la homosexualidad en la Iglesia, evitaría la ordenación de mujeres sacerdotes, abordando con firmeza la clase de conducta escandalosa entre los sacerdotes que había caracterizado a la Iglesia en los últimos años. Era su intención además, dijo, conseguir una "rápida sanción" para la santificación de Juan Pablo II. Era la suya una jugada que le garantizaba la simpatía de aquéllos que con tanto dolor lloraban la pérdida del Papa anterior.

Lo más revelador de todo, sin embargo, fueron sus declaraciones que, en resumen, eran una llamada a una nueva era de evangelización católica. Durante la ordenación de veintiún nuevos sacerdotes, Benedicto XVI declaró, por ejemplo, que la misión de la Iglesia frente al mundo "debe ponernos, constantemente, en acción, volvernos inquietos, para llevar a aquéllos que sufren, a aquéllos que dudan y aún a aquéllos que se muestran reacios, la alegría de Cristo."[8] Puede ser que estuviera refiriéndose a una inquietud que le era propia. Él había amado a su Iglesia desde que tenía cinco años y que viera por primera vez la figura inspiradora del Cardenal Faulhaber en una aldea bávara. Había profundizado ese amor al encontrar en su Iglesia refugio contra los horrores del nazismo y más tarde un baluarte contra las erosiones de la marea modernista. Ahora, él era su líder. Ahora, llevaba puestas las sandalias de los grandes Papas del pasado—en el camino abierto por los pioneros Benedictos cuyo nombre había ahora hecho suyo. Ahora lograría encaminar a un mundo indiferente hacia la fe que él amara durante toda su vida.

EPÍLOGO

¿Quo Vadis?

Podría tratarse de un mito o podría tratarse de un engaño pero, dado que ha jugado un papel de importancia en la imaginación popular de los católicos, vale la pena mencionarlo en conexión al papado de Benedicto XVI. Todo comenzó cuando un primado irlandés de nombre Malachy le dio parte de sus visiones proféticas al Papa Inocente II en 1140. Venían éstas a ser, en rasgos generales, una serie de lemas pero que, supuestamente, describían cada uno de los papados que se sucederían en la historia.

Resultan éstos difíciles de definir. Aún la *Enciclopedia*

Católica denomina a estos lemas como "títulos místicos" para, marginalmente, agregar que "aquéllos que se han dedicado a interpretar y explicar estas simbólicas profecías han logrado descubrir alguna característica, alusión, punto o similitud en su aplicación a cada uno de los Papas, ya sea en cuanto a su país, su nombre, su escudo de armas o insignia, su lugar de nacimiento, su talento o conocimiento, el título de su cardenalato, los títulos que le fueran conferidos, etcétera."

El problema es que los lemas son cortos y sus alusiones oscuras. Algo indica, sin embargo, de que hay una cierta solidez en ellos. El lema del Papa Juan Pablo II era, de acuerdo a la profecía de Malachy, *De labore solis,* "De la labor del Sol." ¿Cuál sería la conexión? El Papa nació durante un eclipse solar el 18 de mayo de 1920. El lema para Juan Pablo I era *De medietate lunae,* "A mediados del mes." No sólo nació en la diócesis de Belluno, que significa "luna bella," sino que sirvió como Papa menos de un mes.

¿Cuál es, entonces, el lema de Joseph Ratzinger? Malachy atribuyó a su papado las palabras *Gloria olivae,* "La gloria del olivo." Aún cuando se dan múltiples interpretaciones posibles, dice una tradición de larga data— apoyada en el hecho de que el hombre que hiciera las profecías era benedictino—que el papado de *Gloria olivae* sería el de un miembro de la Orden de San Benedicto quien conduciría a la Iglesia Católica en el conflicto final con el mal, previo a los últimos días. Por cierto que, de acuerdo a Malachy, el papado de Benedicto XVI será el último de la historia. Después de mencionarlo a él, la profecía concluye con estas portentosas palabras:

> En la persecución final de la Santa Iglesia Romana, reinará Pedro el Romano, que alimentará a su rebaño entre muchas tribulaciones, después de lo cual la ciudad de las siete colinas [Roma] será destruida y el terrible Juez juzgará al pueblo. Fin.

Dado que se hace difícil imaginar que el anciano Ratzinger, quien muchos esperan sea una figura de transición, pudiera ser el líder que describe Malachy, debe haber otra interpretación de la profecía. Un sacerdote católico—entrevistado para el presente libro pero que pidió no ser mencionado—sugirió que:

> Quizá las tribulaciones que describió Malachy sean para una época posterior y que el foco del papado de

Benedicto XVI sea la paz, según el significado de la "gloria del olivo." Quizá él ofrezca la rama de olivo a los enemistados de dentro de la Iglesia mientras trabaja por la paz del mundo. Dios, así lo espero. Mi Iglesia tan desesperadamente necesita curar sus heridas.

Bien conoce Joseph Ratzinger, seguramente, uno de los dichos benedictinos más citados, el de: *Succisa virescit*. Estas palabras quieren decir "podado, crece de nuevo" y está bien que el Papa las conozca dado que bien pueden llegar a constituir una insignia para su papado.

Sin lugar a dudas, se está podando a su Iglesia. En 2004, el número de sacerdotes nuevos en lo que es la fortaleza católica de Dublín en Irlanda, causó una verdadera sacudida para el Vaticano: Un solo sacerdote. Las noticias que venían de América eran casi igual de deprimentes. Un estudio realizado recientemente por el escritor Kenneth C. Jones, denominado *Leading Catholic Indicators: The Church Since Vatican II* (Indicadores católicos más importantes: la Iglesia desde el Vaticano II) explica lo que pasa. Para el 2020, habrá en los EEUU sólo 31.000 sacerdotes, de los cuales la mitad tendrán más de setenta años de edad, comparados con los más de 58.000 contabilizados inmediatamente después del Vaticano II.

Aunque resulte conveniente recordar el dictamen que hiciera Mark Twain sobre que existen tres clases de falsedades—"las mentiras, las malditas mentiras, y las estadísticas"—ninguna de las cifras que describen tendencias dentro del catolicismo norteamericano presagian nada bueno. Más de tres mil parroquias están sin sacerdote. Dos tercios de los seiscientos seminarios que funcionaban en 1965 han cerrado. El número de monjas maestras en los Estados Unidos ha caído un 94 por ciento desde el Vaticano II. La cantidad de sacerdotes que estudian para incorporarse a órdenes religiosas ha caído más de dos tercios, mientras que el número de candidatos para la orden de los Hermanos Cristianos, por ejemplo, ha ido de 912 en 1965 a sólo siete en la actualidad. La cantidad de escuelas secundarias católicas, el número de alumnos en las mismas, así como de los que asisten a escuelas parroquiales, respectivamente, se ha visto reducida a la mitad durante los últimos cuarenta años.

Igualmente trágicas resultan las estadísticas referentes a la actitud de los católicos norteamericanos en cuanto a las enseñanzas de su Iglesia. Los casamientos católicos han disminuido a la mitad, mientras que las anulaciones han trepado desde 1965, de 338 a más de 50.000. La enorme mayoría de los católicos de EEUU no va a misa en forma regular, opina que se pueden hacer abortos y seguir siendo un buen católico, y cree que la Eucaristía es meramente un símbolo en lugar del sacrificio repetido del verdadero cuerpo de Cristo, como lo sostiene la doctrina de la Iglesia. Indudablemente, el Vaticano da gracias a Dios de que EEUU *no* es el mundo y de que, a pesar de las pérdidas sufridas en Occidente, el Catolicismo está prosperando en Africa y en Sud América.

Aún así, la Iglesia se enfrenta a desafíos en todo el mundo, y a la cabeza de la lista se encuentran las crisis financieras. Durante veintitrés años los gastos del Vaticano fueron mayores a las entradas hasta que una nueva política, exigiendo a las diócesis de todo el mundo que ayudaran a llevar la carga, revirtiera la tendencia a partir de 1993. Le seguiría un período de prosperidad. Sin embargo, en los últimos años del papado de Juan Pablo II la Iglesia volvió a caer en rojo. Los funcionarios del Vaticano culparían a un dólar en baja y al costo de las gestiones diplomáticas de Juan Pablo II.

Otra causa de problemas financieros han sido, además, los escándalos que, por abuso sexual, involucraron al clérigo. En los Estados Unidos solamente, se ha pagado, en compensación a las víctimas de abuso sexual, más de $840 millones desde 1950. Algunas de las diócesis de EEUU—Spokane, Portland y Tucson entre otras—se han visto forzadas a declarar la quiebra. El daño financiero que sufre la Iglesia en el mundo no ha sido sólo el costo de acciones legales en su contra sino también los ingresos retenidos por los fieles reticentes a aportar a una Iglesia que ya no gozaba de su confianza.[1]

Esta es la Iglesia que conduce Joseph Ratzinger ahora. Éste se halla bajo el fulgor deslumbrante de la más intensa atención mundial, en la posición central que le fuera dejada por el cautivante Juan Pablo II. Conduce una Iglesia en la cual los funcionarios todavía hablan de una "primavera para el catolicismo en el mundo" cuando éste, sin embargo, se encuentra sitiado por casi todas partes. Él es ahora el Vicario de Cristo, el Gran Sacerdote del Catolicismo Romano; para millones, la voz de Dios.

¿Hacia dónde los conducirá? Cómo responderá a la pregunta que se le hiciera al apóstol cuyo cargo busca asumir, a las palabras de Jesús a Pedro en las afueras de Roma: *"¿Quo vadis?"*—"¿Hacia dónde vas?"

Por supuesto es demasiado pronto para saberlo. Lo que sí se sabe con certeza es que Joseph Ratzinger como Benedicto XVI se verá a sí mismo como guardián de las tradiciones establecidas a través de los siglos. No inclinará su cerviz ante lo moderno ni cederá a presiones reformadoras de dentro de su Iglesia. Hace demasiados años que viene protegiendo las fronteras de la fe.

Abriga la aspiración, sin embargo, de conquistar la voluntad del mundo hacia lo que él describe como "la belleza de la verdad, la dicha de la fe." Es probable que realice un enorme esfuerzo para tornarse más pastor que erudito en la esperanza de ganarse a Europa, recuperar a los Estados Unidos, e inspirar a la fe en los florecientes territorios católicos de Asia, Africa y Sud América. Sabe con certeza que no es telegénico ni el encantador de multitudes que fuera su antecesor. En cambio, hará uso de su mente hábil y de sus humildes modales para compensar su timidez y su falta de atractivo popular. En el tiempo que su Dios le confiera en el cargo, intentará dejar su marca propia expandiendo tanto la fe así como él la entiende y el legado de

Juan Pablo II dentro de un mundo moderno descreído de la religión.

Mientras así lo hace, seguirá siendo Baviera la imagen definitoria de su vida. Recordará las liturgias aldeanas, los dramas sagrados, y la fe mística de su juventud, abrigando siempre la esperanza de éstas se extiendan para abarcar al mundo. Recordará, asimismo, los males asfixiantes del nazismo, y contemplará los males modernos en iguales términos. A pesar de todo, seguirá creyendo como lo ha hecho siempre, que la Santa Madre Iglesia es, como lo fuera en su propia juventud, refugio al igual que respuesta. Aceptará con voluntad, que sea podada—tanto con la apostasía como con la filosa espada de la ortodoxia—si esto la lleva nuevamente a la grandeza. Posiblemente sea ésta la estrategia de Benedicto XVI, dado que a menudo ha dicho que:

Las cosas esenciales de la historia comienzan siempre con las comunidades pequeñas y de mayor convicción. Así es que la Iglesia comienza con los doce Apóstoles. . . . Números más pequeños, creo, pero de estos pequeños números veremos una irradiación de alegría en el mundo.[2]

APÉNDICE

Papa Benedicto XVI en Sus Propias Palabras

VERDAD

"La verdad no se determina por mayoría de votos."
—*Artículo de abril de 1998 en Zenit.org*

"El significado dado por uno mismo no es, en el análisis final, significado alguno. El significado, o sea aquello sobre lo cual puede sostenerse y vivir la totalidad de nuestra existencia, no puede hacerse sino sólo recibirse."
—*Artículo de julio de 2000 en Zenit.org*

"Debemos resistir las oleadas de modas actuales o de las últimas novedades. En su lugar, debemos sostenernos sobre la verdad infalible, inalterable."
—*Artículo de abril de 1998 en Zenit.org*

APÉNDICE

"La confianza sin límites sólo debería colocarse en la verdadera Palabra de la Revelación que encontramos en la fe transmitida por la Iglesia."

—*Artículo de abril de 1998 en Zenit.org*

"Nosotros no buscamos un Cristo que hemos inventado, dado que sólo en la verdadera comunión de la Iglesia es cuando encontramos al verdadero Cristo."

—*Artículo de 1996 en* Communio

"Sólo la razón que permanece abierta a Dios, la razón que a la moralidad no la relega a la esfera de lo subjetivo y no la reduce al mero cálculo, puede evitar el manipuleo de la noción de Dios y las enfermedades de la religión y puede brindar una terapia."

—*Discurso para el 60° aniversario de la invasión de Normandía del 4 de junio de 2004*

"El hombre no está atrapado en un salón de espejos de interpretación; uno puede y debe buscar la salida a lo que es realmente verdadero; el hombre debe preguntar quién es él en verdad y qué es lo que debe hacer; debe preguntar si hay un Dios; quién es Dios y qué es el mundo. El que ya no formula estas preguntas está, por ese mismo hecho, despojado de todo estándar o camino."

—*Disertación en el Seminario de San Patricio del 13 de febrero de 1999*

APÉNDICE

RELATIVISMO

"El tener una fe clara, basada en el credo de la Iglesia, cae a menudo bajo la carátula de fundamentalismo . . . Mientras que el relativismo, que significa dejarse llevar 'siendo barrido por cualquier viento de enseñanza' parece ser la única actitud aceptable según los estándares de la actualidad."

—*Homilía de introducción al cónclave 2005, del 18 de abril en Roma*

"Vamos hacia una dictadura del relativismo que no reconoce nada como cierto y que tiene como meta más alta el propio ego y los propios deseos."

—*Homilía de introducción al cónclave 2005, del 18 de abril en Roma*

EL PAPADO

"El Papa no debe proclamar sus propias ideas sino que siempre debe vincularse, tanto él mismo como la Iglesia, con la obediencia a la Palabra de Dios, siempre que se vea enfrentado a los intentos de adaptación o de moderación, como con todo oportunismo."

—*Homilía en la Basílica de San Juan en Lateran, Roma, del 7 de mayo de 2005*

"El Papa no es un soberano absoluto cuyos pensamientos y deseos son ley. Por el contrario, el ministerio del Papa es el garante de la obediencia hacia Cristo y Su Palabra."

—*Homilía en la Basílica de San Juan en Lateran, Roma, el 7 de mayo de 2005*

"Y ahora, en este momento, como débil siervo de Dios que soy, debo asumir esta enorme tarea, que excede verdaderamente toda capacidad humana."

—*Homilía inaugural en la Plaza de San Pedro, Roma, del 24 de abril de 2005*

"Yo también . . . deseo afirmar la voluntad decisiva de continuar en el compromiso de llevar a cabo el Segundo Concilio Vaticano, en la huella de mis predecesores y en fiel continuidad con la tradición de dos mil años de la Iglesia."

—*Homilía durante el funeral del Papa Juan Pablo II, del 8 de abril de 2005*

"El actual sucesor de Pedro asume como tarea primordial la de trabajar—sin escatimar esfuerzos—para reconstituir la unidad plena y visible de los seguidores de Cristo. Esta es su ambición, éste es su acuciante deber. Es consciente de que los buenos sentimientos no resultan suficientes para ello. Lo que se necesitan son actos concretos que entren en las almas y muevan las consciencias."

—*Homilía durante el funeral del Papa Juan Pablo II, del 8 de abril de 2005*

SANTIDAD DE VIDA

"Al enfrentarse a interpretaciones erróneas de la libertad, un Papa debe subrayar, de manera inequívoca, la inviolabilidad de los seres humanos, la inviolabilidad de la vida humana desde la concepción hasta la muerte natural."

—*Homilía en la Basílica de San Juan en Lateran, Roma, del 7 de mayo de 2005*

"La libertad de matar no es verdadera libertad sino una tiranía que reduce al ser humano a la esclavitud."

—*Homilía en la Basílica de San Juan en Lateran, Roma, del 7 de mayo de 2005*

LIBERTAD

"Si la imagen de Dios se convierte en algo parcial a punto tal de identificar lo absoluto de Dios con alguna comunidad en concreto o con algunos de sus intereses, se destruyen la ley y la moralidad. Dentro de este contexto, lo bueno es lo que está al servicio de mi poder y la diferencia entre lo bueno y lo malo se desdibuja. La moralidad y la ley se vuelven partidarias."

—*Discurso para el 60° aniversario de la invasión de Normandía del 4 de junio de 2004*

"Existe una patología de la razón totalmente separada de Dios. La hemos visto en las ideologías totalitarias que negaron toda relación con Dios e intentaron construir al hombre nuevo, al mundo nuevo. Esto siempre termina en el horror."

—*Discurso para el 60° aniversario de la invasión de Normandía del 4 de junio de 2004*

"¿Qué queremos decir, en realidad, cuando exaltamos a la libertad y la colocamos en el pináculo de nuestra escala de valores? Yo creo que el contenido que la gente, en general, asocia con la demanda de libertad está bien explicado en cierto pasaje de Karl Marx donde él expresa su propio sueño de libertad. El estado de la futura sociedad comunista hará posible, dice, 'que se pueda hacer una cosa hoy y otra mañana; cazar en la mañana, pescar en la tarde, criar ganado al anochecer y criticar después de la cena, tanto como me plazca. . . .' Es éste, exactamente, el sentido en el que la opinión común espontáneamente comprende a la libertad: como el derecho y la oportunidad de hacer exactamente lo que deseamos y de no hacer nada que no queramos hacer. Dicho en otros términos: libertad significaría que nuestra voluntad es la única norma de nuestra acción y que la voluntad no sólo puede desear cualquier cosa sino además tiene la oportunidad de llevar a cabo su deseo. Llegados a este punto, sin embargo, comienzan a surgir preguntas: ¿cuán libre es la voluntad, después de todo? ¿Y cuán razonable es? ¿Una voluntad irrazonable es realmente una voluntad libre? ¿Es esto realmente un bien? ¿Para prevenir la tiranía de la sinrazón, no debemos completar la definición de libertad como la capacidad de querer y hacer lo que queremos colocándola dentro del contexto de la razón, de la totalidad del hombre? ¿Y no será que la interacción entre razón y voluntad incluirá también la búsqueda de la razón común compartida por todos los hombres y, por consiguiente, de la compatibilidad de libertades? Es obvio que el problema de la verdad está implícito en el problema de la razonabilidad de la voluntad y del vínculo de la voluntad con la razón."

—*Artículo en* Communio *en la primavera de 1996*

APÉNDICE

LA IGLESIA

"¡Permítenos que seamos un solo rebaño y un pastor! . . . ¡No dejes que se rasgue tu red! ¡Ayúdanos a ser siervos de la unidad!"
—*Homilía inaugural en la Plaza de San Pedro, Roma, del 24 de abril de 2005*

"La comunión de los santos consiste no solamente de los grandes hombres y mujeres que nos precedieron y cuyos nombres sabemos. Nosotros todos pertenecemos a la comunión de los santos, nosotros que hemos sido bautizados en el nombre del Padre, y del Hijo y del Espíritu Santo, nosotros que nos sustentamos con el regalo del cuerpo y la sangre de Cristo, a través de los cuales Él nos transforma y nos hace como Él. Sí, la Iglesia está viva—ésta es una experiencia maravillosa en estos días. Durante aquellos tristes días de la enfermedad y la muerte del Papa, se nos hizo maravillosamente evidente que la Iglesia está viva. Y la Iglesia es joven. Ella encierra dentro de sí misma el futuro del mundo y, por consiguiente, nos muestra a cada uno de nosotros el camino hacia el futuro. La Iglesia está viva y vemos que lo está: estamos viviendo la dicha que el Señor Resucitado prometió a sus seguidores. La Iglesia está viva—ella está porque Cristo está vivo, porque está verdaderamente resucitado. En el sufrimiento que vimos en el rostro del Santo Padre durante esos días de Pascuas, contemplamos el misterio de la pasión de Cristo y tocamos Sus heridas. Pero a través también de esos días hemos podido, en un sentido profundo, tocar a El Resucitado. Hemos podido vivir la dicha que nos prometió, luego de un corto período de oscuridad, como el fruto de su resurrección."
—*Homilía inaugural en la Plaza de San Pedro, Roma, del 24 de abril de 2005*

APÉNDICE

SANTIDAD

"La virtud heroica no quiere decir que el santo realice una suerte de 'gimnasia' de santidad, algo que la gente normal no se atreve a hacer. Lo que quiere decir es, más bien, que en la vida de una persona se revela la presencia de Dios—algo que el hombre no podría hacer por sí mismo y a través de sí mismo. Quizás sea, en el análisis final, más una cuestión de terminología, dado que el adjetivo 'heroica' ha sido mal interpretado. La virtud heroica, hablando con propiedad, no significa que uno haya hecho grandes cosas por sí mismo, sino que en la vida de uno hayan aparecido realidades que la persona no haya hecho ella misma sino que porque ha sido transparente y estuviera lista para el trabajo de Dios."

—*Artículo sobre la canonización de Josemaría Escrivá de Belaguer,*
  del 6 de octubre de 2002

"Ser santo no es nada más que hablar con Dios como un amigo habla con un amigo. Esto es santidad."

—*Artículo sobre la canonización de Josemaría Escrivá de Belaguer,*
  del 6 de octubre de 2002

EL SENTIDO DE LA VIDA

"La pobreza más profunda es la incapacidad para la dicha, el tedio de una vida considerada absurda y contradictoria. Esta pobreza se encuentra generalizada hoy en día, de maneras muy diferentes tanto en el mundo materialmente rico como en los países pobres. La incapacidad para la dicha presupone y produce la incapacidad de amar, produce celos, avaricia—todos los defectos que devastan la vida de los individuos y del mundo."

—*Discurso a catequistas y maestros, del 12 de diciembre del 2000*

"La existencia humana no puede realizarse por sí misma. Nuestra vida es una pregunta abierta, un proyecto incompleto, esperando ser llevado a fructificar y realizarse. La pregunta fundamental para cada hombre es: ¿Cómo será esto realizado—convertirse en hombre? ¿Cómo aprende uno el arte de vivir? ¿Cuál es el camino a la felicidad? Evangelizar significa: mostrar el camino—enseñar el arte de vivir."

—*Discurso a catequistas y maestros, del 12 de diciembre del 2000*

"Estamos viviendo en alienación, en las aguas saladas del sufrimiento y de la muerte, en un mar de oscuridad sin luz,' dijo. 'La red del Evangelio nos saca de las aguas de la muerte y nos lleva dentro del esplendor de la luz de Dios, dentro de la vida verdadera. El mundo moderno es . . . espiritual y emocionalmente, un desierto de pobreza, abandono, soledad . . . y amor destruido."

—*Artículo en Zenit.org en el 2001*

JUAN PABLO II

"Podemos estar seguros que nuestro bien amado Papa está hoy de pie junto a la ventana de la casa del Padre, y que nos ve y nos bendice."

—*Homilía durante el funeral del Papa Juan Pablo II, del 8 de abril de 2005*

"Enterramos hoy sus restos en la tierra como semilla de inmortalidad. Nuestros corazones están llenos de tristeza, pero al mismo tiempo [llenos] de alegre esperanza y de profunda gratitud."

—*Homilía durante el funeral del Papa Juan Pablo II, del 8 de abril de 2005*

"La muerte del Santo Padre Juan Pablo II y los días siguientes a la misma han sido un extraordinario momento de gracia para la Iglesia y para el mundo entero. El gran dolor por su pérdida y el sentido de vacío que dejó en todos ha sido atemperado por la acción del Cristo resucitado, que se vio durante largos días en la ola coral de fe, amor y solidaridad espiritual que llegó a su cúspide en los solemnes ritos de su funeral."

—*Homilía durante el funeral del Papa Juan Pablo II, del 8 de abril de 2005*

"Podemos decirlo: el funeral de Juan Pablo II ha sido una experiencia verdaderamente extraordinaria en la cual el poder de Dios fue, de cierto modo, percibido."

—*Homilía durante el funeral del Papa Juan Pablo II, del 8 de abril de 2005*

"Me parece que siento su mano fuerte sosteniendo la mía, siento que puedo ver sus ojos sonrientes y escuchar sus palabras, en este momento dirigidas a mí, en particular: 'No tengas miedo.' "

—*Homilía durante el funeral del Papa Juan Pablo II, del 8 de abril de 2005*

"Estoy pensando especialmente en los jóvenes. Hacia ellos dirijo mi afecto, interlocutores privilegiados del Papa Juan Pablo II, mientras, Dios mediante, espero reunirme con ellos en Colonia en ocasión del próximo Día Mundial de la Juventud. Continuaré el diálogo con ustedes, queridos jóvenes, futuro y esperanza de la Iglesia y de la humanidad."

—*Artículo en Zenit.org en 2005*

OTRAS CREENCIAS

"En la huella de sus predecesores, tiene la plena determinación de cultivar toda iniciativa que pueda parecer apropiada para promover contactos y entendimiento con representantes de diferentes iglesias y comunidades eclesiásticas."

—*Homilía durante el funeral del Papa Juan Pablo II, del 8 de abril de 2005*

"Me dirijo a todos, aún a aquéllos que profesan otras religiones o que simplemente buscan respuesta a las preguntas fundamentales de la vida y todavía no la encuentran. A todos, me dirijo con sencillez y afecto, para asegurarles que la Iglesia desea continuar labrando un diálogo abierto y sincero con ellos, en búsqueda del bien verdadero para el hombre y la sociedad."

—*Artículo en Zenit.org en 2005*

"No escatimaré esfuerzos ni dedicación para continuar el diálogo promisorio con civilizaciones diversas que comenzaran mis estimados predecesores, para que un mejor futuro para todos tenga sus bases en la comprensión mutua."

—*Artículo en Zenit.org en 2005*

APÉNDICE

"Si es verdad que los adherentes a otras religiones pueden recibir la gracia divina, es también cierto que, hablando objetivamente, están en una situación de grave deficiencia en comparación a aquéllos que, en la Iglesia, tienen la plenitud de los medios de salvación."

—Decreto Dominus Iesus, *Congregación para la Doctrina de la Fe en 2000*

"En verdad el mundo islámico no está del todo equivocado en el reproche que le hace al Occidente de tradición cristiana por la decadencia moral y la manipulación de la vida humana . . . el Islam ha tenido, también, momentos de gran esplendor y de decadencia en el curso de su historia."

—*Artículo en* Zenit.org *del 6 de marzo de 2002*

"Resulta plenamente obvio que los judíos están conectados con Dios en una manera especial y que Dios no permite que tal lazo falle. Esperamos el instante en que Israel dirá sí a Cristo, pero sabemos que tiene una misión especial en la historia ahora . . . que es de significación para el mundo."

—*Joseph Cardenal Ratzinger y Peter Seewald,* Dios y el Mundo

"Es nuestra convicción cristiana que Cristo es también el Mesías de Israel. Está ciertamente en las manos de Dios cómo y cuándo tendrá lugar la unificación de los judíos y los cristianos para ser el pueblo de Dios."

—Dios y el Mundo

APÉNDICE

DESAFIOS Y TEMAS CONTEMPORANEOS

"El hecho de que la Iglesia está convencida de no tener el derecho de conferir la ordenación sacerdotal a las mujeres es ahora considerado por algunos como irreconciliable con la Constitución Europea."

—*Artículo en Zenit.org del 11 de abril de 2005*

"En la Iglesia, los sacerdotes son también pecadores. Personalmente, sin embargo, estoy convencido de que la presencia constante de sacerdotes católicos en la prensa, especialmente en los Estados Unidos, es una campaña organizada, dado que el porcentaje de dichas ofensas entre los sacerdotes no es más alto que en otras categorías, sino que quizá hasta sea más bajo."

—*Artículo en Zenit.org del 3 de diciembre de 2002*

"En los Estados Unidos hay, constantemente, noticias en este tema, mientras que menos del 1 por ciento de los sacerdotes son culpables de actos de este tipo. La presencia constante de estas noticias no corresponde ni a la objetividad de la información ni a la objetividad estadística de los hechos."

—*Artículo en Zenit.org del 3 de diciembre de 2002*

"Tenemos tanta dificultad en comprender este renunciamiento hoy en día porque, claramente, ha cambiado la relación hacia el casamiento y los hijos. Tener que morir sin hijos fue alguna vez considerado haber tenido una vida inútil: se apagan los ecos de mi propia vida y estoy completamente muerto. Si tengo hijos, entonces continúo viviendo en ellos; es una forma de inmortalidad a través de la posteridad."

—*Joseph Cardenal Ratzinger y Peter Seewald,* La Sal de la Tierra

"El renunciamiento al matrimonio y a la familia debe entenderse, por consiguiente, en los términos de esta visión: renuncio a aquello que, humanamente hablando, no sólo es lo más normal sino lo más importante. Me abstengo de procrear más vida en el árbol de la vida y vivo en la fe de que mi tierra es realmente Dios—y de esta manera hago que a los otros les resulte más fácil creer en la existencia de un reino de los cielos. Soy testigo de Jesucristo, del Evangelio, no sólo con palabras sino también con esta forma específica de existencia, y coloco mi vida en esta forma a su disposición."

—La Sal de la Tierra

"El celibato no es una cuestión de compulsión. Alguien es aceptado como sacerdote sólo cuando lo hace por voluntad propia."

—*Artículo en Zenit.org del 3 de diciembre de 2002*

"Aunque la inclinación particular de una persona homosexual no es pecado, constituye una tendencia más o menos fuerte supeditada a un mal moral intrínseco y es así, entonces, que la inclinación en sí debe ser considerada como un desorden objetivo."

—*Carta a los Obispos de 1986*

APÉNDICE

"Es deplorable que las personas homosexuales hayan sido y sean objeto de malicia violenta en palabras o en acciones. Tales tratos merecen ser condenados por los pastores de la Iglesia en cualquier parte que ocurran. . . . La dignidad de toda persona debe ser respetada siempre de palabra, en la acción y en la ley."
—*Artículo en Zenit.org del 19 de noviembre de 2004*

"Sobre todo, debemos tener mucho respeto por esta gente que también sufre y que quiere encontrar su propio camino hacia el correcto vivir. Por otra parte, crear una forma legal especial de matrimonio homosexual, en realidad, no ayuda a esta gente."
—*Artículo en Zenit.org del 19 de noviembre de 2004*

CRONOLOGÍA

16 de abril 1927 Joseph Alois Ratzinger nació en el pueblo
bávaro de Marktl am Inn, Alemania.

1939 Ingresó al seminario a los doce años, el
mismo año en que Hitler invadía Polonia.

1941 Ingresó a la Juventud de Hitler cuando la in-
corporación era obligatoria.

1943 Conscripto en el ejército nazi donde prestó
servicios en la unidad antiaérea; desertó
poco antes del final de la guerra.

CRONOLOGÍA

19 de junio 1945	Liberado de un campo norteamericano de prisioneros de guerra donde estuvo detenido por un corto tiempo después de la guerra.
1946–51	Estudió filosofía y teología en la Universidad de Munich, escuela superior de Freising.
29 de junio 1951	Fue ordenado sacerdote católico romano. Entró como asistente de pastor en la Parroquia de la Preciosa Sangre.
1953	Recibió el doctorado en teología de la Universidad de Munich.
1957–69	Enseñó fundamentos de teología y dogma en universidades de Bonn, Freising, Münster, y Tübingen.
1962–65	Fue teólogo consejero del Arzobispo Frings de Colonia en el Segundo Concilio Vaticano.
1968	Los estudiantes de la Universidad de Tübingen protagonizaron una revuelta de inspiración marxista. Esto se convirtió en un punto de inflexión en la vida de Ratzinger.
1969	Fue nombrado profesor y luego vicepresidente de la Universidad de Regensburgo.

CRONOLOGÍA

1977   Fue nombrado arzobispo de Munich y
                    Freising por el Papa Pablo VI y ascendido a
                    cardenal un mes más tarde.

1981   Fue convocado por el Papa Juan Pablo II para
                    obrar de prefecto de la Congregación para la
                    Doctrina de la Fe.

1998   Fue elegido vice decano del Colegio
                    de Cardenales.

2002   Fue nombrado decano del Colegio
                    de Cardenales.

19 de abril 2005   Elegido Papa por el Colegio de Cardenales;
                    tomó el nombre de Benedicto XVI.

NOTAS

INTRODUCCIÓN

1. Joseph Cardenal Ratzinger, *Mi Vida* (San Francisco: Ignatius Press, 1998), p. 137.

2. Ibid, p. 138.

3. *"Turbulence on Campus in 60's Hardened Views of Future Pope,"* (Turbulencia en universidad en los años sesenta endureció la posición del futuro Papa) Richard Bernstein, Daniel J. Wakin, y Mark Landler, *New York Times,* 24 de abril de 2005.

4. *Mi Vida,* p. 137.

5. Ibid.

6. Ibid.

7. Scott Shepard, *"'04 Ratzinger Letter Seen as Kerry Rebuke,"* (Carta de Ratzinger vista como reproche a Kerry) Cox News Service, 21 de abril de 2005.

NOTAS

8. Centro para la Investigación Aplicada al Apostolado, Universidad de Georgetown, *"Sixty-three Percent of Catholics Voted in 2004 Presidential Election,"* (Votó el sesenta y tres por ciento de los católicos en las elecciones presidenciales de 2004) Encuesta católica anual de CARA (CCP) 2004, http://cara.georgetown.edu/Press112204.pdf.

9. *"Pope 'Prayed Not to Be Elected': Benedict XVI Meets Other Faith Leaders,"* (El Papa 'rezó para no ser electo': Benedicto XVI se reúne con otros líderes de la fe) CNN (aparecido el 25 de abril del 2005), www.cnn.com/2005/world/Europa/04/25/Papa.Monday/.

10. *"Turbulence on Campus."* (Turbulencia en la universidad)

CAPITULO 1

1. Citado en Aidan Nichols, *The Theology of Joseph Ratzinger* (La teología de Joseph Ratzinger) (Edinburgo: T & T Clark, 1988), pp. 5–6.

2. Mark Landler y Richard Bernstein, *"Pope Benedict XVI: Recollections; A Future Pope Is Recalled: A Lover of Cats and Mozart, Dazzled by Church as a Boy,"* (Papa Benedicto XVI: Recuerdos; Recuerdos de un futuro Papa: amante de los gatos y de Mozart, fascinado por la Iglesia en su infancia) *New York Times,* 22 de abril de 2005, p. A12.

CAPITULO 2

1. Ver I. Volk, *Der Bayerische Episkopat und der Nationalsozialismus 1930–1934* (Mainz, 1966), pp. 170–74.

CAPITULO 3

1. George Weigel, *Witness to Hope* (Testigo de la esperanza) (Nueva York: Cliff Street Books, 1999), p. 244.

2. Ibid.

3. Richard N. Ostling, *"Keeper of the Straight and Narrow,"* (Guardián de la línea recta) *Time,* 6 de diciembre de 1993, 142: 24, p. 58.

4. Thomas Cahill, *John XXIII* (Juan XXIII) (Nueva York: Penguin, 2002), pp. 147–48.

5. Ibid.

6. Helen Whitney y Jane Barnes, *"John Paul II: The Millennial Pope,"* (Juan Pablo II: el Papa del milenio) *Frontline,* PBS, p. 5 copia.

7. Papa Juan Pablo II, *"Man Is a Spiritual and Corporeal Being,"* (El hombre es un ser espiritual y corpóreo) Público en general, 16 de abril de 1986.

8. John Cornwell, *The Pontiff in Winter* (El pontífice en invierno) (Nueva York: Doubleday, 2004), p. 304.

CAPITULO 4

1. J. A. Wylie, *History of Protestantism* (Historia del Protestantismo) (Londres, Nueva York: Cassell, 1899), libro 15, capítulo 11.

2. John Elson, "Time *Man of the Year: John Paul II,"* (El hombre *Time* del año: Juan Pablo II) *Time,* 26 de diciembre de 1994, 144: 26.

3. Entrevista con el autor, 5 de mayo de 2005.

4. John Allen, *Cardinal Ratzinger: The Vatican's Enforcer of the Faith* (El Cardenal Ratzinger: el ejecutor de la fe del Vaticano) (Londres, Nueva York: Continuum, 2000).

NOTAS

5. Entrevista con el autor, 24 de abril de 2005.
6. Entrevista con el autor, 2 de mayo de 2005.

CAPITULO 5

1. Diálogos de San Gregorio, introducción en Migne, P.L. LVXI. Dominio Público. Disponible en www.fordham.edu.
2. Homilía del Decano del Colegio de Cardenales, Joseph Cardenal Ratzinger, en la Misa para la Elección del Pontífice Romano, Radio Vaticano, 18 de abril de 2005, www.oecumene.radio vaticana.org/en1/Articolo.asp?Id=33990.
3. Ibid.
4. Jeff Israely, *"The Conquest of Rome,"* (La conquista de Roma) *Time,* 2 de mayo de 2005, 165: 18, p. 34.
5. Associated Press, 25 de abril de 2005.
6. Nancy Gibbs, *"The New Shepherd,"* (El nuevo pastor) *Time,* 2 de mayo de 2005, 165: 18, p. 30.
7. Christian Spolar, *"Brother Defends Pope Benedict's Youth in Hitler's Germany,"* (Hermano defiende la juventud del Papa Benedicto en la Alemania de Hitler) *Chicago Tribune,* 25 de abril de 2005.
8. Frances D'Emilil, *"Benedict XVI Leads Ceremony to Ordain Priests,"* (Benedicto XVI conduce ceremonia de ordenación de sacerdotes) *Houston Chronicle,* 15 de mayo de 2005.

NOTAS

EPÍLOGO

1. 12 de abril de 2004, nota de Associated Press, reimpresa en *Salon,* www.salon.com/news/wire/2005/04/12/Papa/print.html.

2. Peter J. Boyer, "A Hard Faith," (Una dura fe) *New Yorker,* 16 de mayo de 2005.

BIBLIOGRAFÍA

FUENTES PRIMARIAS

Bernstein, Carl, y Marco Politi. *His Holiness: John Paul II and the History of Our Time.* (Su Santidad Juan Pablo II y la historia de nuestro tiempo) Nueva York: Penguin Books, 1997.

Burke, Greg, y Papa Juan Pablo II. *An Invitation to Joy.* (Invitación a la dicha) Nueva York: Simon & Schuster, 1999.

Cahill, Thomas. *Pope John XXIII (A Penguin Life).* (El Papa Juan XXIII—Vidas de Penguin) Nueva York: Viking Penguin, 2002.

Collins, Paul. *The Modern Inquisition: Seven Prominent Catholics and Their Struggles with the Vatican.* (La Inquisición moderna: siete católicos prominentes y sus luchas con el Vaticano) Woodstock, NY: Overlook Press, 2004.

Cornwell, John. *The Pontiff in Winter: Triumph and Conflict in the Reign of John Paul II.* (El Pontífice en invierno: triunfo y conflicto en el reino de Juan Pablo II) Nueva York: Doubleday, 2004.

BIBLIOGRAFÍA

Crocker, H. W. *Triumph: The Power and the Glory of the Catholic Church, a 2,000-Year History.* (Triunfo: el poder y la gloria de la Iglesia Católica, una historia de 2000 años) Roseville, CA: Prima Publishing, 2003.

Flynn, Raymond L., Robin Moore, y Jim Vrabel. *John Paul II: A Personal Portrait of the Pope and the Man.* (Juan Pablo II: retrato personal del Papa y del hombre) Nueva York: St. Martin's Press, 2002.

Hebblethwaite, Peter, y Ludwig Kaufmann. *John Paul II: A Pictorial Biography.* (Juan Pablo II: biografía pictórica) Maidenhead, Inglaterra: McGraw-Hill, 1979.

Periodistas de Reuters. *Pope John Paul II: Reaching Out Across Borders.* (El Papa Juan Pablo II: traspasando fronteras) Upper Saddle River, NJ: Reuters Prentice Hall, 2003.

Nichols, Aidan. *The Theology of Joseph Ratzinger: An Introductory Study.* (La teología de Joseph Ratzinger: estudio introductorio) Edinburgo, Escocia: T. & T. Clark Publishers, 1994.

O'Brien, Darcy. *The Hidden Pope: The Untold Story of a Lifelong Friendship That Is Changing the Relationship Between Catholics and Jews: The Personal Journey of John Paul II and Jerzy Kluger.* (El Papa escondido: la historia no contada de una amistad de por vida que está cambiando la relación entre católicos y judíos: el viaje personal de Juan Pablo II y Jerzy Kluger) Emmaus, PA: Rodale Press, 1998.

Ratzinger, Joseph Cardenal, et al. *Church and Women: A Compendium.* (Iglesia y mujeres: un compendio) San Francisco: Ignatius Press, 1988.

———. *Mi Vida: Memorias, 1927–1977.* San Francisco: Ignatius Press, 1998.

BIBLIOGRAFÍA

————. *The Ratzinger Report.* (El Informe Ratzinger) San Francisco: Ignatius Press, 1987.

————. *Truth and Tolerance.* (Verdad y tolerancia) San Francisco: Ignatius Press, 2004.

Ratzinger, Joseph Cardenal, y Peter Seewald. *God and the World: Believing and Living in Our Time: A Conversation with Peter Seewald.* (Dios y el mundo: creer y vivir en nuestros tiempos: conversación con Peter Seewald) San Francisco: Ignatius Press, 2002.

Segundo, Juan Luis. *Theology and the Church: A Response to Cardinal Ratzinger.* (La teología y la Iglesia: respuesta al Cardenal Ratzinger) San Francisco: Harper San Francisco, 1987.

Szulc, Tad. *Pope John Paul II.* (El Papa Juan Pablo II) Nueva York: Simon & Schuster, 1996.

Toropov, Brandon. *The Complete Idiot's Guide to the Popes and the Papacy.* (Guía completa para idiotas sobre Papas y Papados) Indianapolis: Alpha Books, 2001.

Weigel, George. *Witness to Hope: The Biography of Pope John Paul II.* (Testigo de la esperanza: biografía del Papa Juan Pablo II) Nueva York: HarperCollins, 2005.

LIBROS DE INTERES

Ratzinger, Joseph Cardenal. *Behold the Pierced One.* (Contemplar al Traspasado: una aproximación a la cristología espiritual) San Francisco: Ignatius Press, 1986.

————. *Building the Temple of God.* (Construyendo el templo de Dios) Nueva York: Crossroad Publishing, 1996.

————. *Called to Communion: Understanding the Church Today.* (Llamado a la comunión: comprendiendo a la Iglesia actual) San Francisco: Ignatius Press, 1996.

————. *Church, Ecumenism, and Politics.* (Iglesia, movimiento ecuménico y política) Nueva York: Crossroad Publishing, 1988.

————. *Daughter Zion: Marian Thoughts.* (Hija Sión: pensamientos marianos) San Francisco: Ignatius Press, 2005.

————. *Dogma and Preaching.* (Dogma y predicación) Quincy, IL: Franciscan Press, 1983.

————. *Faith and the Future.* (La fe y el futuro) Quincy, IL: Franciscan Press, 1971.

————. *God Is Near Us.* (Dios está cerca de nosotros) San Francisco: Ignatius Press, 2003.

————. *God of Jesus Christ.* (Dios de Jesucristo) Quincy, IL: Franciscan Press, 1998.

————. *Gospel, Catechism and Catechesis: Sidelights on the Catechism of the Catholic Church.* (Evangelio, catecismo y catequesis: aspectos complementarios del catecismo de la Iglesia Católica) San Francisco: Ignatius Press, 1997.

————. *In the Beginning . . .: A Catholic Understanding of the Story of Creation and the Fall.* (En el principio . . .: Comprensión católica de la historia de la creación y la caída) Huntington, IN: Our Sunday Visitor, 1990.

————. *International Theological Commission: Texts and Documents, 1969–1985.* (Comisión Teológica Internacional: textos y documentos, 1969–1985) San Francisco: Ignatius Press, 1989.

————. *Introduction to Christianity.* (Introducción a la cristiandad) Nueva York: Crossroad Publishing, 1970.

———. *Journey Toward Easter.* (Viaje hacia las Pascuas) Nueva York: Crossroad Publishing, 1987.

———. *Many Religions, One Covenant.* (Muchas religiones, una Alianza) San Francisco: Ignatius Press, 1999.

———. *Meaning of Christian Brotherhood.* (El significado de la hermandad cristiana) San Francisco: Ignatius Press, 1993.

———. *Nature and Mission of Theology.* (La naturaleza y misión de la teología) San Francisco: Ignatius Press, 1995.

———. *A New Song for the Lord: Faith in Christ and Liturgy Today.* (Un nuevo cántico al Señor: la fe en Cristo y la liturgia actual) Nueva York: Crossroad Publishing, 1995.

———. *Pilgrim Fellowship of Faith: The Church as Communion.* (Comunidad de los peregrinos de la fe: la Iglesia como comunión) San Francisco: Ignatius Press, 2005.

———. *Principles of Catholic Theology: Building Stones for Fundamental Theology.* (Principios de la teología católica: piedras para la construcción de una teología fundamental) San Francisco: Ignatius Press, 1987.

———. *Seek That Which Is Above.* (Busca lo que está en lo alto) San Francisco: Ignatius Press, 1986.

———. *The Spirit of the Liturgy.* (El espíritu de la liturgia) San Francisco: Ignatius Press, 2000.

———. *To Look on Christ: Exercises in Faith, Hope, and Love.* (Poner la vista en Cristo: ejercicios en la fe, esperanza y amor) Nueva York: Crossroad Publishing, 1991.

———. *Turning Point for Europe.* (Punto de inflexión para Europa) San Francisco: Ignatius Press, 1994.

BIBLIOGRAFÍA

Ratzinger, Joseph Cardenal, y Cristoph Schoenborn. *Introduction to the Catechism of the Catholic Church.* (Introducción al catecismo de la Iglesia Católica) San Francisco: Ignatius Press, 1997.

Ratzinger, Joseph Cardenal, et al. *End of Time? The Provocation of Talking about God.* (¿El fin de los tiempos? La provocación de hablar sobre Dios) Mahwah, NJ: Pabloist Press, 2005.

Ratzinger, Joseph Cardenal, and Aidan Nichols, editor. *Eschatology: Death and Eternal Life.* (Escatología: muerte y vida eterna) Washington, D.C.: Catholic University of America Press, 1988.

Ratzinger, Joseph Cardenal, y Victoria H. Lane. *Feast of Faith.* (Fiesta de la fe) San Francisco: Ignatius Press, 1986.

Ratzinger, Joseph Cardenal, William May, y Albert Vanhoye. *Catholic Priest as Moral Teacher and Guide.* (El sacerdote católico como maestro y guía moral) San Francisco: Ignatius Press, 1990.

Ratzinger, Joseph Cardenal, y Peter Seewald. *Salt of the Earth: Christianity and the Catholic Church at the End of the Millennium.* (La sal de la Tierra: cristiandad e Iglesia Católica al final del milenio) San Francisco: Ignatius Press, 1997.

AGRADECIMIENTOS

Fue San Pío X el que una vez espetara: "¡Milagros quieren ellos ahora! Como si yo no tuviera suficiente que hacer." Me temo que he provocado en aquéllos que trabajaron conmigo en este libro una queja bastante similar: "¡Milagros quiere él ahora! Como si ya no me hubiera dado suficiente qué hacer."

Aún así, se han esforzado con valentía. Bev Darnall y su increíble equipo de Chartwell Literary Group (www.chartwell literary.com) han realizado los trabajos de investigación, la coordinación de los viajes y la programación de las entrevistas que constituyen la esencia del presente libro. Su habilidad y conocimiento han hecho del presente un trabajo mucho más agudo de lo que yo hubiera podido realizar por cuenta propia.

AGRADECIMIENTOS

Ronn Huff Jr. se lanzó a la búsqueda de libros raros, navegó con acierto hasta los más oscuros confines de la Internet y, con frecuencia, respondió a mis preguntas más difíciles en cuestión de sólo minutos. George Grant fue, una vez más en mi vida, mi mentor y mi colega conspirador. Mostró ser paciente, al punto de permitir que este frenético autor lo importunara en su trigésimo aniversario de casados. Finalmente, Steve Brallier ofreció tanto una honestidad editorial como una pasión teológica tales que hizo de las horas de madrugada al teclado una verdadera dicha. Mi agradecimiento a cada uno de estos colaboradores incondicionales así como por los indispensables servicios de Chartwell.

Mientras escribía este libro tuve el privilegio de entrevistar a algunos de los espíritus conductores del catolicismo. El eminente Michael Novak con amabilidad le explicó a este protestante los matices de la tradición romana y con chispeante humor aportó la broma ilustrativa del caso. El Padre Richard John Neuhaus, quien ya fuera mi mentor de larga data a través de sus escritos, me permitió observar mientras se dedicaba a pintar en brillantes colores el "momento católico" actual. Ralph Martin, director de los programas de graduados del Seminario del Sagrado Corazón de Detroit y pionero del movimiento carismático católico, dedicó tiempo para ayudarme a comprender las esperanzas puestas en Benedicto XVI. Y el Padre John Rock, quien trabajó con Joseph Ratzinger en la Congregación para la

Doctrina de la Fe, me ayudó a comprender su fe como sólo un hombre de letras jesuita puede hacerlo, además de poder contar, durante cenas a altas horas de la noche, mejores historias de las que yo pude contar jamás. Gracias, mis amigos católicos y compañeros cristianos, por ayudarme en mi viaje—de literatura y de fe.

Mi propio equipo tuvo que llevar un gran peso durante las semanas en que estuve absorto en escribir. Shirley Catalina se ocupó de todo, desde las relaciones públicas a las compras de almacén y sólo en ocasión me echaría esa rara mirada preaviso de locura en puerta. Susan Levine me brindó su amor y me ayudó a llegar adonde yo necesitaba llegar, como lo hace siempre. Sam Chappell ayudó a lanzar este proyecto y luego prudentemente se fue del país—aún así, lo sigo apreciando por su interés y su sabiduría. Así también, las afiladas mentes y aún más afilados lápices de mis contadores, Tucker and Tucker, tomaron buen recaudo de que las cuentas se pagaran y que las risas fueran frecuentes.

Para terminar, un autor sueña con un editor literario y una casa editora que comprendan quién es él, que se arriesguen con él, que no le toleren demasiadas cosas y que lo ayuden a mejorar a pesar de las quejas. Personalmente, he sido agraciado con justamente tales expertos espíritus en Tarcher Penguin. Mitch Horowitz, mi editor literario, es justo la combinación perfecta de sabiduría, firmeza y amistad. Joel Fotinos ha demostrado su voluntad, en varias ocasiones ya, de asumir riesgos conmigo, y aunque esto le debe haber causado, por cierto, más de una noche de insomnio, su confianza ha resultado inspiradora. Y no hay autor que pueda pedir apoyo más enérgico y comprensión más amable que la que recibo de Ken Siman. Asociarme con ellos me lleva a amar aún más el oficio de escribir.

ACERCA DEL AUTOR

STEPHEN MANSFIELD como autor y catedrático concentra su enfoque sobre la fe y el papel que ésta desempeña en la formación de líderes y en la modelación de culturas. Luego de haber sido destacado junto a las tropas norteamericanas en Iraq hacia fines de 2004, escribió *The Faith of the American Soldier,* una visión de cómo la religión da forma a una nueva generación en guerra. Anteriormente a esta obra, había escrito *The Faith of George W. Bush,* que se convertiría en bestseller del *New York Times.* Entre sus otras obras se incluyen trabajos sobre Winston Churchill, George Whitefield, y Booker T. Washington.

Mansfield vive en el centro de Nashville, en Tennessee, donde dirige una empresa de investigación y educación denominada The Mansfield Group, mientras cultiva su pasión por los libros y el racquetball. Su sitio en la Web es www.mansfieldgroup.com.